Valentin Braitenberg

# Das Bild der Welt im Kopf

Das Kind der Welt im Kopf

Valentin Braitenberg

# Das Bild der Welt im Kopf
## Eine Naturgeschichte des Geistes

Mit einer Einführung von Manfred Spitzer

Prof. Dr. Dr. h.c. Valentin Braitenberg
Max-Planck-Institut für Biologische Kybernetik
Spemannstraße 38, 72076 Tübingen

Bibliografische Information der Deutschen Nationalbibliothek
Die Deutsche Nationalbibliothek verzeichnet diese Publikation
in der Deutschen Nationalbibliografie; detaillierte bibliografische
Daten sind im Internet über http://dnb.d-nb.de abrufbar.

© 2009 by Schattauer GmbH, Hölderlinstraße 3, 70174 Stuttgart,
Germany; info@schattauer.de   http://www.schattauer.de
Printed in Germany

Umschlagabb.: © Jiří Kolář: „Malà Pocta Breughelovi". Collage,
29 x 22 cm, 1969. Mit freundlicher Genehmigung der Galleria
OPEN ART s.r.l., Viale Della Repubblica 24, I–59100 Prato
Satz: r&p digitale medien, Echterdingen
Druck und Einband: CPI – Ebner & Spiegel, Ulm

ISBN 978-3-7945-2711-3

# Vorwort

In diesem Buch will ich versuchen, eine Weltanschauung – meine eigene – in ihrer Gesamtheit darzustellen. Vor allen Dingen entspringt das Werk dem Wunsch, das Gedankengebäude, in dem ich mich behaglich bewege, auf seine Geschlossenheit zu prüfen. Dahinter verbirgt sich keineswegs der Gedanke, dass meine Art, die Welt – und mich in ihr – zu sehen, etwa die bestmögliche oder gar die einzig mögliche sei. Eher schon verstehe ich sie als einen Köder, der mir Leute, die ähnlich denken, zuführen und vielleicht zu Freunden machen könnte. Doch sind mir die anderen, die gute Gründe haben, anders zu denken, genauso lieb. In der sicheren Erwartung, dass mich die Philosophen nicht zitieren werden, zitiere ich sie auch nicht. Es kommt vor, dass ich Gedanken aufschreibe, die anderswo schon geschrieben stehen. Das sind oft unbewusste Übernahmen, manchmal auch bewusste, wobei ich meistens nicht genau weiß, von wem: Ich halte die Gedanken für interessanter als die Köpfe, denen sie entsprungen sind. Manchmal ist es keine Übernahme, sondern mein eigener origineller Einfall, der allerdings vorher schon einem anderen eingefallen ist. Wir haben alle sehr ähnliche Gehirne, und die Welt ist für alle die Gleiche.

Für die vorliegende Ausgabe im Schattauer Verlag habe ich den Text noch einmal sorgfältig überprüft. Ich kann versichern, dass das menschliche Gehirn sich nicht wesentlich geändert hat und die darin abgebildete Welt auch nicht allzusehr. Das Bild der Welt in meinem Kopf ist noch stimmig, und dasjenige im Kopf des Lesers hoffentlich auch.

Tübingen, im Frühjahr 2009

Valentin Braitenberg

# Beipackzettel

Kapitel 5 bis 7 bauen aufeinander auf und sollten der Reihe nach gelesen werden. Kapitel 3 und 4 sind in sich abgeschlossen. Wenn nicht anders empfohlen, sollte die Dosis von einem Kapitel pro Tag nicht überschritten werden.

Nicht empfohlen wird die Lektüre nach den Mahlzeiten.

*Nebenwirkungen:* Kapitel 1 kann Widerwillen erzeugen und sollte dann übersprungen werden. Beim Kapitel 2 stellt sich bei manchen Lesern das Gefühl ein, das alles selbst besser zu kennen. Kapitel 3 kann Schwindelgefühl auslösen, besonders wenn man sich nicht genügend Zeit für Meditation nimmt. Im Kapitel 4 kann der Begriff der Information bei Lesern, die damit früher in anderen Zusammenhängen in Berührung gekommen sind, allergische Reaktionen hervorrufen. Bei den Kapiteln 5 und 6 klagen manche Leser über Ermüdungserscheinungen. Kapitel 7 kann bei Geisteswissenschaftlern lästigen, aber harmlosen Juckreiz erzeugen.

*Unverträglichkeiten* mit anderen Weltanschauungen sind bisher nicht beobachtet worden.

# Inhalt

Der Verfasser exploriert die Stimmung, aus der heraus er seine Weltanschauung entwirft. Das Erkennen
und Verstehen von Zusammenhängen ist seine eigentliche Lust, der er alles opfert, nur nicht das friedliche
Zusammenleben mit Menschen, die andere Prioritäten setzen. Der ihm vorschwebende Gedanke einer
verschulten Republik wird ihm allerdings nicht nur
Zustimmung bringen.

Was man in seinem Inneren erlebt, gehört nicht in
eine objektiv nachprüfbare Weltbeschreibung. Doch
sind introspektive Erfahrungen für jeden von uns
unzweifelhaft Realität. Man kann nur hoffen, dass
wenn das physikalische Weltbild endlich zur Voll-

endung kommt, sich auch die Kluft zwischen dem Subjektiven und dem Objektiven in ihm schließen wird.

Physikalische Meditationen
Physik beschreibt die Welt in Worten, die niemals zurückgenommen werden müssen. Sie dienen als Bausteine für alle anderen Naturwissenschaften. Und doch gibt es Aussagen in der Physik, die sich so weit von unseren alltäglichen Begriffen entfernen, dass man sich ihnen nur auf dem Wege einer staunenden Meditation nähern kann.

Information und Wunder
Leben ist organisierte Materie, bei der das Organisationsprinzip durch Reproduktion von Generation zu Generation weitergegeben wird. Die Information, die sich darin äußert, stammt aus den Bedingungen, die die verschiedenen Umweltnischen an das Überleben und die Vermehrung der ihnen zugeordneten Lebewesen stellen.

Die Macht der Fasern
Gehirne sind fleischgewordenes Wissen über die Strategien, die nötig sind, mit den Gegebenheiten der Umwelt fertig zu werden. Hier muss der Leser etwas mehr Geduld aufbringen, da es dem Verfasser auf seinem eigenen Forschungsgebiet schwer fällt, viele Details zu unterschlagen.

Denken, Handeln, Logik, Sprache
Was man über Neuronen weiß, reicht aus, um sich vorzustellen, welche Mechanismen im Gehirn für die mehr intellektuellen Aspekte des menschlichen Verhaltens verantwortlich sind. Die moderne Version der Ideen-Assoziation, die Lehre von den *cell assemblies* bewährt sich als Theorie der kognitiven Leistungen bis hin zur menschlichen Sprache.

Geschmack, Witze und Theoreme
Jenseits des logischen Kalküls wird unser Denken und Handeln von emotionalen Wertungen bestimmt. Diese finden sich in Bereichen wieder, die man gewöhnlich als Ästhetik zusammenfasst. Zu den Wertungen,

die bei allen Tieren das Verhalten bestimmen, gesellt sich beim Menschen eine Ästhetik des Denkens, die intellektuelle Kreativität fördert.

# Einführung

## Cartesianische Meditationen à la Braitenberg

Stellen Sie sich vor, Sie setzen sich an Ihren Schreibtisch, ganz gemütlich, zum Beispiel am Morgen oder am Abend, und schreiben einmal auf, was Sie wissen. Es geht dabei nicht um irgendein Wissen, denn Sie sind Gehirnforscher und wollen einmal aufschreiben, was Sie über das Gehirn wissen. Sie wollen dabei nicht die neueste Literatur zitieren, nein Sie wollen im Grunde überhaupt nicht zitieren. Sie wollen einfach aufschreiben, wie aus Ihrer Sicht die Dinge sind. Und weil sich das Gehirn naturgemäß um alles kümmert, um Wahrnehmen, Denken, Begreifen, Erinnern, kurz, um die Welt, geht es bei Ihrem Unterfangen keineswegs nur um irgendein Spezialwissen, sondern es geht letztlich um das, was Sie über die Welt denken.
Dieses Vorhaben ist gar nicht so einfach. Wo fängt man an? Was setzt man voraus? – Wenn man beginnt, auch darüber nachzudenken und diese Gedanken zu verschriftlichen, so handelt es sich bei diesen Bemühungen letztlich genuin um das, was man Philosophie nennt. Als Freund der Weisheit will man schließlich nichts anderes zu Papier bringen. Zu den berühmtes-

ten Versuchen dieser Art in der Geschichte der Philosophie gehören sicherlich die Meditationen des Mathematikers und Philosophen René Descartes: Bei Null anfangen und überlegen, was man weiß. Der Mathematiker und Philosoph Edmund Husserl hat es ihm ebenso nachgemacht wie der damalige Schullehrer Ludwig Wittgenstein.

Wer einfach so und vermeintlich ohne jegliche Voraussetzungen bei sich anfängt, fängt in Wahrheit natürlich nicht bei sich an. Er setzt vielmehr schon viel anderes voraus. Interessant ist dabei, was der meditierende Denker für sich voraussetzt. Bei Descartes war es sein eigenes Denken, bei Husserl sein Erleben, bei Wittgenstein die Welt. Bei Braitenberg ist es sein Leben, das als Prinzip das eigene Überleben hat. Hinzu kommt unser Umgang mit der Welt. Andere tun dies mit mir. Im Kollektiv verhalten wir uns mit den anderen, die sich auch über die Welt Gedanken machen, nach gewissen Regeln. Die Institution dieser Regeln, ihrer Vertreter und alles, was sonst noch daran hängt, nennt man insgesamt Wissenschaft. „Die eine Frage, die mein Denken bewegt, ist, wie ein Mensch, als winziges Produkt der gewaltigen Natur, die Gesetze eben dieser Natur in sich erfassen kann", fasst Braitenberg seinen Ausgangspunkt zusammen,

2

den er auch „Lust am Verstehen" nennt. Diese Lust kennt keine Sättigung und nimmt, im Gegensatz zu anderen Lüsten, niemandem etwas weg. Entsprechend entwirft Braitenberg seine „Republik Utopia" mit einer allgemeinen Schulpflicht vom 3. bis 68. Lebensjahr, was vielleicht mehr über den Autor und weniger über die Welt aussagt.

Sein Weg der Meditationen verläuft dann ganz traditionell über den „Blick nach innen", die Probleme von „Seele", „Bewusstsein" und „Willensfreiheit", über die hier nur soviel gesagt sei (um nicht die Spannung zu verderben), dass neue und unerwartete Gesichtswinkel eingenommen werden. Descartes wird schnell abgehakt: „Ich denke, ich beobachte, ich gehe, ich kaue", Freud ebenfalls: „Höre auf Dein Überdu!".

Es geht weiter über Gedächtnis und Gefühle, und neben der Introspektion des Autors wird auch der ganz normale Sprachgebrauch befragt, um Klarheit zu gewinnen. Dies ist letztlich eine ganz alte Methode, die auf Aristoteles zurückgeht, der die Worte aneinander gerieben hat, um ihre Bedeutung zu schärfen. Auch Braitenberg reibt an Wörtern herum – und reibt damit nicht zuletzt sich selbst an der Sprache.

Um die Biologie wissenschaftlich einzubetten, wird eine Meditation über die Physik eingeschoben, die neben der „Meditation über einen Grashalm" und der „über einen Wassertropfen" auch eine über „einen Kristall" beinhaltet. Andere Meditationen über das Planksche Wirkungsquant, die Parität, bewegte Ladungen oder über Drehung schließen sich an. Immer ist die Sache interessant, gewürzt mit Kleinigkeiten und Anekdoten, und immer wieder wird klar, dass man hier einem denkenden Kopf gleichsam beim Denken über die Schulter schaut.

Dass das nächste Kapitel über Lebewesen mit einer „Meditation über Wunder" beginnt, ist natürlich ebenso wenig ein Zufall wie die nachfolgende Meditation über Information und Zufall (sic!). „Information, Redundanz, Kodierung sind Begriffe, die sich als revolutionär in der Biologie erwiesen haben", geht Braitenberg den Dingen auf den Grund.

Es stört keineswegs, dass Braitenberg manchmal Dinge weglässt oder gelegentlich neueste Entwicklungen nicht anführt: (1) Was vor dem Urknall war, interessiert ihn nicht, die Physiker heutzutage durchaus. (2) Arten sind zwar dadurch so definiert, dass ihre Individuen miteinander Nachkommen zeugen; schätzungsweise 10 % aller Arten jedoch zeugen auch Nachkommen mit anderen Arten. (3) Die evolutionäre Nische ist ohne Bewohner nicht definierbar (was manche Argumente zirkulär macht). – Drei der Beispiele seien genug; sie sind belanglos und tun dem Spaß am Lesen keinen Abbruch!

Richtig spannend wird es, wenn der Altmeister der Gehirnforschung in Kapitel 5 dann zum Gegenstand seiner Expertise kommt. Natürlich geht es hier auch um den Gebrauch des Gehirns, und mir persönlich gefällt besonders gut, wie der Autor seine Gedanken mit Meditationen zur Ästhetik abrundet. Er ist dabei ganz modern, wurde doch erst im Herbst 2008 eine Gesellschaft für Neuroästhetik in Berlin gegründet.

In seiner kleinen *Naturgeschichte des Geistes* bringt Braitenberg damit das Kunststück fertig, kurz und kurzweilig viele Fragen auf amüsante und ebenso intelligente Weise anzureißen und damit den Leser selbst zu befähigen, darüber zu meditieren, wie das Bild der Welt in dessen eigenen Kopf kommt. Gerade in einer Zeit, in der „Meditation" gerne als gedankenloses Singen von Mantras missverstanden wird, gereichen die cartesianischen Meditationen à la Braitenberg jedem denkenden Menschen zu einem ganz privaten Vergnügen der besonderen Art.

Ulm, zu Ostern 2009
Manfred Spitzer

# 1  In eigener Sache

## Lust am Verstehen

### Warum

Zunächst will ich klären, warum ich, statt nichts zu tun, mich an eine Arbeit mache, die mich viel Zeit, einige Mühe und manchen Verzicht kosten wird.

Das ist leichter gesagt als getan. Ich bemerke, dass ich in den ersten zwei Zeilen bereits Worte – oder Begriffe – verwendet habe, die ich, wenn ich mir's recht überlege, eigentlich nicht definieren kann, jedenfalls nicht mit der Strenge, die nötig wäre, wenn mein ganzes Unternehmen überhaupt einen Sinn haben soll. Ich weiß nicht genau, was *Arbeit* ist, wie sie von anderen Beschäftigungen, dem Spiel oder dem Denken oder der Pflege gesellschaftlicher Beziehungen, abzugrenzen ist. Der wohldefinierte Gebrauch des Begriffs der Arbeit in der Physik (als Kraft mal Weg) hilft wenig weiter, wenn wir an die Arbeit im gewöhnlichen Sinn denken als das, wofür man bezahlt wird, oder an die Hausarbeit oder an die wissenschaftliche Arbeit. Oder einfach an die Arbeit als das, was Mühe macht. Denn mit dem nur zu vertrauten Begriff der *Mühe* geht es mir ähnlich (warum ist Hausarbeit mühsamer als Walzer tanzen?), und auch was *Verzicht* heißt, könnte ich erst erklären, wenn ich wüsste, was mich antreibt, das zu tun, worauf ich als Arbeitender verzichten muss.

Es wäre freilich angenehm, wenn man bei allem, was man tut, auf die Frage, warum man es tut, eine einfache Antwort parat hätte, die, ob sie den Fragenden nun befriedigt oder nicht, immerhin einer eigenen Überzeugung entspringt. Eine solche Überzeugung nennt man *Ethik*. Von einem denkenden Menschen, der lange genug gelebt hat, kann man erwarten, dass er eine besitzt, und wohl auch, dass er sie in einfachen Worten darzustellen vermag. Ich will's versuchen.

### Sein will sein

*Ich lebe, habe gelebt und will weiter leben.* Nicht ewig, aber doch noch eine Weile. Warum ich das will, warum die meisten Leute das wollen, kann ich nicht sagen. Viele behaupten, dass sie am Leben bleiben wollen, weil es ihnen *Spaß* macht (*fun*). Das überzeugt mich wenig, denn man hört von denselben Leuten oft bittere Klagen über die Widrigkeiten, die mit ihrem Leben verbunden sind, sodass die Bilanz vielleicht letztlich eher eine negative ist. Andere sagen, es sei die *Neugier*, die sie am Leben hält. Wieder andere berufen sich auf ein *Projekt*, das sie zum Abschluss bringen möchten.

Mir scheint das alles aber allzu menschlich. Wenn ich aus meinem Wunsch zu leben meine Einstellung zu den Dingen dieser Welt ableiten will, so möchte ich Leben in seiner allgemeinsten Bedeutung verstehen, nicht anders in meinem Fall als in dem eines Kaninchens, eines Regenwurms oder einer Brennnessel. Unter all den Eigenschaften der Lebewesen ist die der *Erhaltung einer Lebensform* (des Menschen, des Kaninchens, des Regenwurms, der Brennnessel) über die Zeit hinweg die fundamentalste: Erhaltung der komplexen Struktur des Individuums im Laufe seines Lebens zum einen, Erhaltung der Art im Wechsel der Generationen zum anderen. Was lebt, will leben, kann nicht anders als es wollen. Manch einen werden meine sprachlichen Übergriffe befremden: Der Efeu *will* an der Mauer haften, um nicht vom Wind losgerissen zu werden, bunte Schmetterlinge *wollen* gesehen werden, Störche *wollen* im Winter an den Nil, ich *will* abends ins Gasthaus. Für mich sind das lauter legitime Sätze.

Alles scheinbar Tiefgründige, das einem in den Sinn kommt, wenn man Lebewesen vor dem Hintergrund der unbelebten Natur betrachtet, inklusive das Wort wollen in den obigen Sätzen, oder der Begriff des Zwecks oder der des Fließgleichgewichts (wie manche Physiker gerne sagen), lässt sich auf die *Erhaltung von Struktur als oberstes Prinzip des Lebens* zurückführen.

*Leben ist Überleben,* nichts anderes. Zweck des Lebens ist das Überleben. Zweck des Überlebens ist das Leben. So ist das Leben mit seinem Zweck identisch, und der *Zweck,* das *Ziel,* das *Wollen,* das unser menschliches (tierisches, pflanzliches) Dasein aus der übrigen Natur herauszuheben scheint und das von manchen Denkern zum Ausgangspunkt ihrer Philosophie gemacht wurde, ergibt sich ganz von selbst aus dem eigentlichen Wesen des Lebens.

Warum ich das sage? Erstens, weil ich es als einen der Grundsätze annehme, auf denen mein Gedankengebäude ruht (ich werde das später erklären). Zweitens, weil ich auf diesem Wege zu einer Antwort auf die eingangs gestellte Frage komme, warum ich da sitze und schreibe. Dazu muss ich ausholen.

Was mich treibt

Dass es uns *treibt* zu essen und zu trinken, Schmerz zu vermeiden, bei schlechter Witterung Schutz zu suchen, gelegentlich auch sich in Situationen zu begeben, die möglicherweise zur Fortpflanzung führen, sind Phänomene, die ganz einfach aus dem Prinzip *Leben-gleich-Überleben* folgen. Das Interessante ist, dass es uns (Menschen, Tiere) treibt, diese Dinge zu tun, ohne dass dabei der biologische Sinn im Vordergrund steht oder uns überhaupt bewusst wird. Wir tun sie einfach, weil wir leben, und weil wir sie tun, leben wir. Keiner denkt, wenn er hungrig ist, an den Energiebedarf des menschlichen Körpers, oder wenn er trinkt, an den Wasserhaushalt, geschweige denn an die Erhaltung der Art, wenn er sich verliebt. Was ja schon in dem Wort *Trieb* ausgedrückt ist, als eine Auswirkung auf das Verhalten, die sozusagen von hinten kommt, von außerhalb unseres Blickfelds (*suchen* weist nach vorne, bei *führen* denkt man an eine Wirkung von der Seite, bei *treiben* von hinten).

Es gibt noch andere Triebe als die genannten, zum Beispiel solche, die mit der Verteidigung eines Territoriums zusammenhängen oder mit der Dominanz in einer Gruppe. Auch das sind Werte, die auf ganz einfache Weise mit dem Überleben – dem eigenen, dem der Gruppe oder dem der Nachkommenschaft – zusammenhängen. Darüber sind sich alle einig, die versucht haben, dem tierischen Verhalten im Zusammenhang mit einer allgemeinen Theorie der Biologie einen Sinn zu geben. Zugrunde liegt die Notwendigkeit, Materie, und damit verbunden Energie, also Nahrung in ausreichender Menge in die lebenden Organismen einzuverleiben und sie der Ordnung des jeweiligen Lebewesens zu unterwerfen, im ständigen Widerstreit mit der allgemeinen Tendenz der Natur, das Entstehen von lokaler Ordnung zwar zuzulassen, aber sie auf lange Sicht, global gesehen, zu zerstören.

## Verstehen

Uns alle, Menschen und Tiere, treibt es, ein Bild der Welt in unser Wesen aufzunehmen. In Wirklichkeit heißt das, die Abbildung der Welt, die von vornherein in uns ist (auch das wird später erklärt), durch eigene Erfahrungen zu vervollkommnen. Das kann auf verschiedene Weise geschehen. Manch einem reicht es, die Vielfalt der Erscheinungen möglichst umfassend in seinen „geistigen Katalog" aufzunehmen. Er kennt im Wald, wo er spazieren geht, die Namen fast aller Pflanzen und Tiere und lernt jedesmal aus seinem Bestimmungsbuch ein paar weitere dazu. Oder er/sie vervollständigt täglich sein/ihr Wissen über Wer-mitwem im Dorf, über den Ausgang der Fußballspiele am vergangenen Wochenende oder über die Kurse an der Börse.

Andere fühlen sich von der Vielfalt der Erscheinungen überwältigt und hassen das Auswendiglernen. Wo immer sie eine Regelmäßigkeit vermuten, formulieren sie eine knappe Aussage in Form einer *Regel*, klammern sich an sie und explorieren die Möglichkeit, mit ihrer Hilfe viele verschiedene Dinge unter einen Hut zu bringen, sie zu *verstehen*. Sie entdecken oder lesen irgendwo, dass das Quadrat einer Zahl n die Summe der ersten n ungeraden Zahlen ist (das ist bequemer als multiplizieren). Oder dass auf fetten Wiesen alle Blumen gelb sind. Oder dass scheckige Kühe niemals weiße Ohren haben. Dass es eine Sonnenfinsternis nur bei Neumond gibt.

Die Gewohnheit, nach Regeln zu suchen, entspringt der Faulheit, wird aber bei einigen Leuten zur Sucht, die zu großen Leistungen anspornt. Natürlich bewährt sich nicht alles, was sich jemand als Regel zurechtgelegt hat, auf lange Sicht. Manche falsche Regel bleibt eine Weile als privater oder kollektiver Aberglaube am Leben. Erst wenn sich eine Regel lang genug bewährt und allen Versuchen, sie zu widerlegen, standgehalten hat, wird sie zum Bestandteil der Wissenschaft – oft viele Jahre nachdem der, der sie zuerst vermutet hat, gestorben ist.

Nicht alle Leute, die in der Wissenschaft tätig sind, gehören zu denen, die von der Sucht nach Regeln besessen sind. Viele sind bloß Ordnungshüter und sorgen dafür, dass Aberglaube und falsche Behauptungen aus der Wissenschaft herausgehalten werden. Viele sind einfache Bedienstete in einem großen Betrieb, in dem Wissenschaft geplant und verwaltet wird. Andere sind damit beschäftigt, den Kehricht und die Scherben wegzuräumen, die nach den großen Gelagen und Auseinandersetzungen am Boden liegen bleiben.

Ich bin einer, dem das *Verstehen* immer näher am Herzen lag als das *Wissen*. Natürlich geht es letzten Endes um das Erfassen der Wirklichkeit, und das bedeutet den Erwerb einer großen Menge von Fakten, ehe man daran gehen kann, sie in ihrem Zusammenhang zu verstehen. So habe auch ich, wie die meisten anderen Wissenschaftler, mein täglich Brot in einem Laboratorium verdient, in dem wir über die Jahre mehr experimentelle Ergebnisse zutage gefördert haben, als in einem dicken Buch Platz finden könnten. Wenn ich sage, dass es mir mehr um das Verstehen geht, anderen eher um das Wissen, so meine ich einen Unterschied in der Einstellung, weniger in der Methode. Die einen nennen einen Gedanken gerne, etwas abfällig, „Arbeitshypothese" und wollen damit betonen, dass das Denken seine Nützlichkeit erst dann zeigt, wenn es Anlass zu experimenteller Tätigkeit im Labor gibt. Die macht ihnen Spaß und sie sehen in ihr den eigentlichen Weg zur Wahrheitsfindung. Die anderen, zu denen ich gehöre, entwerfen am liebsten *Gedankengebäude*. Diese stehen auf einem Fundament von Tatsachen, sind aber viel größer – und schöner – als wenn man nichts anderes als die festen Backsteine experimentell gesicherter Fakten zu ihrem Bau verwenden wollte. Ihre Festigkeit und ihr ästhetischer Reiz beruhen auf dem Fachwerk der logischen Beziehungen, die das Ganze zusammenhalten und die eventuellen Schwächen einzelner Bestandteile kompensieren.

Ein solches Gebäude kann auch zusammenbrechen, wenn irgend ein Eckpfeiler nicht mehr trägt. Das kann die Folge von weiterem Nachdenken oder von neuen experimentellen Ergebnissen sein, die das Fundament unterhöhlen. Man nimmt das gerne hin, bemüht sich auch selbst, an den zugrunde liegenden Fakten zu rütteln und neue Fakten zu entdecken, zumal dabei ja wieder Gelegenheit zu lustvollem Denken entsteht. Im Übrigen ist ein zusammengebrochenes Gebäude meist weniger wackelig als ein schlecht gebautes.

Ich habe mein Laboratorium jetzt an andere wackere Forscher abgegeben. Das Nachdenken über die Zusammenhänge der Dinge in dieser Welt ist jetzt meine Hauptbeschäftigung. Es gibt keine andere Tätigkeit, zu der ich immer wieder mit ähnlich großer Lust zurückkehre. Das Schreiben dient mir als Prüfstand, da ich selbst erst am Geschriebenen erkenne, was ich eigentlich sagen wollte, und weil mich die Kritik und eventuelle Zustimmung meiner Freunde interessiert. Im Grunde bin ich aber in mein eigenes Denken verliebt, was man mir verzeihen möge. Die eine Frage bewegt mein Denken: Wie kann ein Mensch, als winziges Produkt der gewaltigen Natur, die Gesetze eben dieser Natur in sich erfassen?

### Ich und die anderen

So ist also meine Lebensführung durch eine relativ einfache, leicht zu befriedigende, niemals versiegende Lust bestimmt, nämlich derjenigen am Verstehen der Dinge, die mich interessieren.

Sonst durch nichts? Ich kenne allerdings mancherlei Gelüste und weiß, wie man sie befriedigen kann. Essen, trinken, auch spazieren gehen, fernsehen, lesen, Musik hören, schlafen etc. Sie alle haben gemeinsam, dass sie, wenn sie befriedigt sind, zunächst erlöschen und sich sogar leicht in Überdruss verwandeln.

Dies hat die Lust am Verstehen den anderen Lüsten voraus: Sie kennt keine Sättigung, zumal die Menge an unverstandenen Fakten viel größer ist als die paar Zusammenhänge, die sich einer im Lauf eines Lebens zurechtlegen kann, ja viel größer als das ganze Gebäude der erklärenden Wissenschaften, wie es in den Büchern steht. Ich weiß aus Erfahrung, dass wenn mich etwas Unverstandenes beschäftigt, sei es auch nur eine Formel im Physikbuch (die ein anderer offenbar sehr wohl verstanden hat), ich dann abends mit dem Problem einschlafe, morgens damit aufwache, am nächsten Morgen und vielleicht am übernächsten wieder, bis ich endlich verstehe und damit glücklich bin. Oder aber aufgebe. Was allerdings fast immer zur Folge hat, dass sich das Problem nach einer Weile wieder meldet, faszinierend wie ehedem, in Tag- und Nachtschichten in meiner Phantasie sein Eigenleben führend. Und wenn eines verstanden ist, findet sich gleich ein anderes ein. Die Lust am Verstehen trägt mich durchs Leben, gibt meinem Leben Sinn und rechtfertigt mein Tun.

Noch eins hat diese meine Lust den anderen Lüsten voraus. Anders als beim Raffen von Geld und Macht oder beim Sammeln von Liebestrophäen nimmt das, was ich gewinne, wenn ich der Lust am Verstehen nachgehe, keinem Menschen etwas weg. Im Gegenteil: Wenn einer mag, kann er sich jederzeit zusammen mit mir an meinem Verstehen ergötzen.

Ist das eine Ethik, wird man fragen, die auf einer persönlichen Lust begründet ist, noch dazu auf einer sehr sonderbaren, und die auf niemanden anderen Bezug nimmt? Ja, behaupte ich, eine unter vielen möglichen. Was ich von einer Ethik verlange, ist, dass sie einem ehrlichen Gefühl entspringt und sich klar formulieren lässt.

Ich kenne viele, die ähnlich denken wie ich und für die die Lust am Verstehen zur Lebensgrundlage wird. Aber es gibt noch weitaus mehr Menschen, die andere Prioritäten setzen. Solche, die von früh bis spät und auch in der Nacht noch an Geld denken und an die Freuden, die sie sich damit kaufen können. Solche, die alles opfern für die Freude an der eigenen Macht. Oder an der Macht der Nation, der sie angehören. Auch solche, die den Sinn ihres Lebens darin finden, dass sie anderen Menschen Freude verschaffen oder ihnen helfen, ihre Leiden zu ertragen. Ich lasse jedem seine eigenen Prinzipien und habe auch nichts dagegen, wenn jemand durchs Leben geht, ohne sich jemals nach dem Sinn seines Tuns zu fragen.

Natürlich geht das nicht ohne Kompromisse, und zwar dort, wo meine eigene Lebensführung mit der von anderen in Konflikt gerät, sodass ich befürchten muss, dass man mir meine Übergriffe übel nimmt und sie mir mehr Schaden als Nutzen bringen. So habe ich meine private Ethik mit Zusätzen versehen, die auf die Gefühle der anderen Rücksicht nehmen und mir dafür ein möglichst ungestörtes Leben nach meiner eigenen Manier ermöglichen. Von den anderen erwarte ich dasselbe. Daraus entsteht eine *gemeinsame Ethik*, auf die wir uns einigen und die jedem von uns gestattet, möglichst viel von dem zu gewinnen, nach dem er eigentlich strebt. Weitgehend deckt sich diese Kompromiss-Ethik mit dem, was die Gesetze vorschreiben. Ich lasse mein Auto nicht mitten auf der Straße stehen, schon alleine weil mir die polizeiliche Strafe mehr kostet als die kleine Unannehmlichkeit, einen legitimen Parkplatz zu suchen. Ich lasse im Supermarkt nichts in meinen Taschen verschwinden. Ich zahle dem Staat, was er an Steuern von mir verlangt. Ich pisse nicht auf öffentliche Denkmäler.

So werde ich aus Bequemlichkeit zu einem rechtschaffenen Bürger. Aber ich fühle mich als solcher nicht über die Leute erhaben, von denen man in der Zeitung liest, dass sie ihre Frauen erdrosseln, Banken ausrauben, Flugzeuge entführen. Das sind Aktionen, zu denen es mich noch nie hingezogen hat. Es ist auch nicht mein Verdienst, wenn ich keine kleinen Mädchen im Wald vergewaltige: mir fehlt dazu die Lust. Ich hab mich auch noch nie zurückhalten müssen, etwa nach einer Waffe zu greifen, wenn ich auf jemanden böse war. Ich kann natürlich nicht ausschließen, dass mir die Lust zu solchen Missetaten eines Tages noch kommt, und kann nicht garantieren, dass ich ihr nicht ebenso nachgeben werde wie vorher anderen Lüsten auch.

Leute meiner Art werden selten konsultiert, wenn Gesetzgeber daran gehen, die Satzung einer Republik zu entwerfen (und jeder darf gerne sagen, Gott sei Dank). Tatsächlich haben Philosophen bei Staatsgründungen in der Vergangenheit entweder keine oder keine rühmliche Rolle gespielt. Doch steht es jedem von uns zu, utopische Vorstellungen zu entwickeln, die dann in Kollision mit anderen einen Beitrag zu einem vernünftigen Gleichgewicht der Meinungen leisten. Hier folgt meine Utopie:

Erstens: Menschen töten ist verboten. Tiere und Pflanzen darf man töten (auch essen), aber nicht ausrotten.

Zweitens: Schulpflicht für alle bis ins Rentenalter. Staatsdienst, medizinische Versorgung, Landwirtschaft, Müllabfuhr, Prostitution, Bankwesen, Lehre etc. werden über die Schule, von Schülern mit entsprechender Befähigung, als Praktikum besorgt.

Drittens: Die Verbreitung von mystischen, parapsychologischen, volksmedizinischen etc. Irrlehren sowie das Predigen von wissenschaftlich nicht nachprüfbaren Glaubenssätzen ist verboten und wird mit zusätzlichen Pflichtveranstaltungen in der Schule bestraft.

Viertens: Das öffentliche Tragen von Volkstrachten, Uniformen, Orden, Adelstiteln, Fahnen etc. ist verboten (erlaubt ist Berufskleidung bei Straßenarbeitern, Krankenschwestern, Orchestermusikern etc).

Fünftens: Besitz darf beliebig erworben, aber nicht vererbt werden, sondern geht beim Ableben an den Staat über. Nachkommen haben Vorkaufsrecht.

Sechstens: Wo eine hierarchische Ordnung nötig ist, nimmt die Bezahlung mit der Höhe der Stellung in der Hierarchie ab (körperliche Arbeit wird höher bezahlt als Verwaltungsarbeit, diese höher als Lehre, Lehre höher als intellektuelle Kreativität, am niedrigsten sind die Löhne der Macht ausübenden Direktoren).

Siebtens: Die Republik wird vom obersten Schulrat regiert. Dieser wird von den Bürgern (= Schülern un-

terhalb des Rentenalters) gewählt, wobei der Wahl-
modus ein negativer ist: bei n Kandidaten kann jeder
Wahlberechtigte bis zu n-1 Kandidaten eine negative
Stimme geben, d. h. sie als unerwünscht erklären. Der
Kandidat, der am wenigsten solche Stimmen auf sich
vereint, gewinnt.

Achtens: Die Republik verfügt über kein Militär. Aufgabe der Grenzpolizei ist es, das Territorium vor In-
vasionen jeglicher Art zu schützen.

Neuntens: Jeder Bürger darf jederzeit auswandern.
Ein Bürger kann ausgewiesen werden, wenn er sich
der lebenslangen Schulpflicht, inklusive Praktika, ent-
zieht, oder sonst gegen eine Regel verstößt. Zuwan-
derung ist möglich, vorausgesetzt dass der Einwande-
rer sich der Schulpflicht stellt und die entsprechende
Befähigung nachweisen kann.

Zehntens: Die Satzung der Republik kann geändert
werden, wenn ein Vorschlag vom Volk mit 6/7-Mehr-
heit gutgeheißen wird. Das Volk in diesem Sinne besteht aus allen Bürgern im Alter zwischen 40 und 50
Jahren, die überdurchschnittliche schulische Leistungen nachweisen können. Ausgenommen sind Geistes-
kranke, Millionäre, Betreiber von Fernsehanstalten,
Designer, Stars im Sport oder Show-Geschäft und Be-
rufspolitiker.

Das werden diejenigen nicht gerne lesen, die keine gute Erinnerung an ihre Schulzeit haben, und besonders diejenigen nicht, die aufgrund von finanziellen und gesellschaftlichen Begünstigungen ganz unabhängig von schulischen Leistungen ohne Anstrengung ein bequemes Leben zu führen gedenken, doch für sie ist dieses Buch nicht geschrieben.

## Schlussbemerkung

Letzlich geht es bei der Ethik darum, dem freundlichen Grabredner, wenn's so weit ist, die Aufgabe zu erleichtern. Ethik heißt, im Leben ein Leitmotiv durchhalten, das ihm bei seiner Rede als roter Faden dienen kann.

# 2 Der Blick nach innen

## Introspektion

Es ist uns wohl nicht vergönnt, ein vollständiges, zusammenhängendes, widerspruchsloses Bild aller Phänomene dieser Welt in einem Blick zu erfassen. Dafür mag es gute Gründe geben, vielleicht auch grundlegend mathematische (*name dropping* wäre an dieser Stelle leicht, aber ich will nichts zitieren, was ich selbst nicht gründlich verstanden habe). Entscheidend ist, dass jede einzelne Wissenschaft ihre Festigkeit daraus bezieht, dass sie gewisse Fragen offen lässt oder durch prinzipielle Annahmen (Axiome) ersetzt oder gar prinzipiell ausschließt. Die Physik beschäftigt sich, so gut sie kann, mit dem Wesen der Materie, mit der Entwicklung des Universums und den Bewegungen der Dinge in ihm, aber sie fragt nicht danach, was war, bevor das Universum entstanden ist, oder was außerhalb des Raumes ist, in dem es sich befindet. Seit geraumer Zeit schließt sie solche Fragen aus ihren Büchern aus und überlässt sie den Dichtern und Theologen. Selbstverständlich streben die Physiker ein umfassendes Weltbild an, aber nur innerhalb des Gebietes, für das sie sich zuständig halten und in dem ihnen eine logische Kohärenz überhaupt möglich scheint. Das Übrige wird ausgeblendet.

Eine ähnliche Zurückhaltung stünde der Biologie, der Wissenschaft vom Leben, gut an. Sie ist einerseits als Physik der Lebewesen die konsequente Fortführung der Physik der unbelebten Materie, anderseits durchaus auch Geisteswissenschaft, nämlich als die Wissenschaft jener Konglomerate von Materie, in denen sich Ideen ausdrücken und Information gespeichert und weitergegeben wird. Tierisches Verhalten und Psychologie gehören wesentlich dazu, und damit kommt auch die Biologie ganz nahe an philosophische und theologische Spekulationen heran, über die *Seele*, das *Bewusstsein* oder die *Willensfreiheit*.

Das sind Begriffe, die wir im täglichen Umgang mit anderen Leuten recht sorglos verwenden. Die Worte wurden von akademischen Lehrern des Mittelalters und der Antike geprägt (und dann schlecht und recht in unsere heutigen Sprachen übersetzt), die entsprechenden Begriffe stammen aus Erfahrungen, die jeder machen kann, wenn er in sich hineinblickt und gewillt ist, über die unmittelbaren Inhalte seines Denkens hinaus zu denken.

Ich behaupte, dass eine respektable Wissenschaft vom Leben erst möglich wird, wenn wir sie ganz ohne Bezug auf diese durch Introspektion gewonnenen Erfahrungen aufbauen. Ich will nicht bestreiten, dass es ein inneres Erleben gibt, das man als „Bewusstsein" bezeichnen kann, auch nicht, dass es kaum möglich ist, ein Leben zu führen, ohne das Gefühl, Herr über die eigenen Entscheidungen zu sein, also über eine „Willensfreiheit" zu verfügen. Aber, wenn überhaupt, sollten wir diese Phänomene erst zu einem Zeitpunkt in Angriff nehmen, wenn all das geklärt ist, was die Wissenschaft vom Leben zu einem Bestandteil unserer physikalischen Weltanschauung macht. Dies ist meine Argumentation:

Erste Regel des gesellschaftlichen Umgangs:
Man spricht nicht über sich selbst
Wenn ich mit meinem Freund über irgendwas in dieser Welt rede, tun wir gut daran, uns so zu setzen, dass beide das Ding möglichst von derselben Seite sehen. Ganz und gar wird uns das nicht gelingen, weil wir, so nahe wir uns auch kommen, unsere Augen an verschiedenen Stellen des Raums haben – es sei denn, wir verwenden gewisse optische Tricks, zum Beispiel einen halbdurchlässigen Spiegel. Es kann natürlich auch sein, dass ich farbenblind bin und mein Freund normalsichtig, oder er kurzsichtig und ich presbyop,

doch sollte es nicht schwer sein, sich über solche kleine Unterschiede in der Perzeption klar zu werden oder einfach aus unseren Gesprächen die Betrachtungen auszuschließen, bei denen sie zum Tragen kommen. Es bleibt dann noch genug übrig, was wir auf dieselbe Weise sehen, und darüber können wir reden. Was uns aber unmöglich gelingen kann, ist ein vernünftiges Gespräch über meine ureigensten Empfindungen, die ich zum Beispiel mit dem Wort „rosarot" oder „Hoffnung" oder „Bewusstsein" verbinde. Wir verwenden beide solche Worte auf ähnliche Weise, aber was der andere wirklich dabei empfindet, bleibt jedem von uns verschlossen. Wie auch immer wir uns hinsetzen, erlebe ich die Empfindungen meines Gesprächspartners auf ganz andere Weise, als er sie selbst erlebt. Wir beschließen, nicht darüber zu reden. Wohl aber über die Empfindungen anderer Menschen, die wir beide auf ähnliche Weise perzipieren – oder auch nicht perzipieren.

Es lohnt aber doch, bevor wir das Thema verlassen, sich darüber klar zu werden, was wir eigentlich durch diesen Entschluss aus unserer Weltbetrachtung ausgenommen haben. Das kann jeder nur in einem einzigen Fall, nämlich bei der Betrachtung seiner selbst, feststellen.

## Introspektive Empirie

Ich bin außerstande, mich selbst beim Denken zu beobachten oder auch mich dabei zu beobachten, wie ich irgend einen äußeren Vorgang beobachte. Offenbar ist das Beobachten eine Tätigkeit, die mich ganz beansprucht und keine andere gleichzeitige Tätigkeit zulässt. Wobei ich allerdings auf die Frage stoße, was *ich* und *mich* im obigen Satz bedeuten, wenn ich sage, dass *ich mich* nicht beobachten kann, während ich etwas denke. Ich weiß, dass *ich* ohne weiteres gleichzeitig denken und gehen kann, gleichzeitig beobachten (zum Beispiel das Verhalten von Tauben vor meinem Fenster) und ein Butterbrot essen. Das Ich, von dem die Rede ist, die ungeteilte Aufmerksamkeit, beschäftigt sich offenbar nicht mit Tätigkeiten wie Gehen oder Kauen, obwohl die Grammatik da keinen Unterschied macht: *ich denke, ich beobachte, ich gehe, ich kaue.* Man lernt daraus, dass die Sprache keinen eindeutigen Zugang zu den Vorgängen in meinem Inneren liefert. Man kann sich dadurch helfen, dass man *das Ich*, das nicht gleichzeitig denken und beobachten kann, aus der gewöhnlichen Sprache heraushebt und nur in Zusammenhängen verwendet, bei denen von subjektiver Empirie die

Rede ist. Mit einigem Bangen zwar, aus verschiedenen Gründen:

Erstens kann es irreführend sein, wenn man einem Wort, das in einer Sprache eine bestimmte grammatikalische Valenz hat – dem Pronomen „ich" zum Beispiel – eine andere grammatikalische Funktion zuweist – zum Beispiel die eines Substantivs mit dem entsprechenden Artikel: „das Ich". Wie befremdend das wirkt, erkennt man deutlich wenn man bei einem anderen Menschen nicht von *seinem Ich*, sondern von *seinem Er* oder *ihrem Sie* spricht, was man der intersubjektiven (und intersexistischen) Fairness zuliebe vielleicht tun könnte. Noch krasser wirkt es, wenn ich im Gespräch mit dir von *deinem Du* rede. Du fragst: „Soll ich meinem Ich oder meinem Über-Ich gehorchen?", und ich antworte: „Höre auf dein Über-Du!" *Sein Er* und *ihr Sie* und *dein Du* dienen nicht als Subjekt in vernünftigen Sätzen, und es ist die Frage, ob *mein Ich* legitim ist.

Zweitens will man sich nicht den ganzen begrifflichen Ballast aufladen, den Psychologen und Philosophen, die für diesen sprachlichen Missbrauch ursprünglich verantwortlich sind, um das Hauptwort „Ich" in ihren Schriften angesammelt haben.

Freilich kann ich mein Denken beobachten, indem ich zuerst etwas denke und dann die Spuren davon beobachte. Ich kann mir zum Beispiel den besten Weg von hier zum Bahnhof überlegen. In der Folge erinnere ich mich an die Bilder, die nacheinander in mir aufgetaucht sind, das heißt, ich kann sie der Reihe nach wieder aufrufen. Die verschiedenen Gründe, die mich bewogen haben, den einen unter den vielen möglichen Wegen zu wählen, erscheinen mir dann als das Ergebnis eines Denkvorgangs, oder anders gesagt, was ein Denkvorgang ist, verstehe ich dann erst als das sukzessive Aufrufen von Bildern, versehen mit einer Wertung der verschiedenen Alternativen, die bei manchen Schritten der Sequenz in Frage gekommen wären.

Was ich bei meinem Denken – oder besser gesagt gleich danach – beobachte und woran ich mich dann auch erinnere, ist nicht sehr verschieden von dem, woran ich mich erinnere, nachdem ich tatsächlich den Weg zu Bahnhof gegangen bin. Und offenbar nicht wesentlich verschieden von dem, was in mir vorgeht, während ich zum Bahnhof gehe.

Auf die Beziehung von Denken und Handeln werden wir später noch kommen, wenn von Gehirnen die Rede ist. Hier geht es um die Frage, was das überhaupt bedeutet, wenn ich sage, dass ich Vorgänge „in meinem Inneren" beobachte, die anderen, äußeren Beobachtern notwendigerweise verschlossen bleiben. Den Schlüssel finde ich in der Feststellung, dass es bei all diesem inneren Beobachten nicht um das *Erlebnis* des Beobachtens selbst, sondern um die *Erinnerung* daran geht. Das ist evident, wenn ich darüber rede oder gar schreibe: Ich kann dies nicht zur Zeit des Erlebens, über das ich berichte, sondern erst später. Es erhebt sich die Frage, ob das Erlebnis zu der Zeit, wo es stattfand, überhaupt ein solches war, oder vielleicht eher etwas, was den Inhalt meines Gedächtnisses verändert, bereichert hat, sodass ich es später (und erst später), beim Explorieren meiner Gedächtnisinhalte, also meines Wissens, entdecken kann.

Aber was heißt das, dieses Explorieren des Wissens, dieses mehr oder weniger gezielte Umherschweifen im eigenen Gedächtnis? Dass ich das kann, steht außer Zweifel, wie ich mich jederzeit durch introspektive Erfahrung überzeugen kann. Ich kann nicht nur den Weg zum Bahnhof rekonstruieren, ich kann auch die Geschichte, die ich gestern gelesen habe, die Argumentation, mit der mich jemand neulich überzeugt hat, sowie meine Gedanken dazu ziemlich genau in mir wieder ablaufen lassen. Ich kann ein Lied, Text und Melodie, wenn ich es ein paar Mal gehört habe, mit dem sogenannten inneren Ohr wieder hören. (Dabei ist besonders interessant, dass bei diesem „inneren" Hören das Lied ungefähr mit demselben Rhythmus abläuft wie das Original, nicht etwa viel schneller oder viel langsamer. Wie nah es dabei am tatsächlich gesungenen Lied ist, zeigt sich, wenn ich „unwillkürlich" mitsumme oder gar zu singen anfange.)

Auch in diesem Fall ist also, wie beim Weg zum Bahnhof, die Erinnerung an das Gedachte offenbar nicht sehr verschieden von der Erinnerung an das ursprüngliche Erlebnis, und auch das Erlebnis beim inneren Hören, wenn man überhaupt von einem solchen sprechen kann, unterscheidet sich wohl nicht wesentlich von dem beim eigentlichen Hören.

Ich weiß, dass es nicht leicht ist, zwischen einem Erlebnis und der Erinnerung an das Erlebnis zu unterscheiden, und vielleicht liegt das in der Natur der Sache. Es ist oft darüber spekuliert worden (zum Glück nur halbernst), was denn eigentlich der Unterschied sei zwischen einem Patienten, der vor der Operation betäubt wird, und einem, bei dem man stattdessen nach der Operation durch einen Schlag auf den Kopf die Erinnerung an das Erlebte löscht. In der gewöhnlichen Umgangssprache unterscheidet man sehr wohl zwischen einem Erlebnis und der Erinnerung daran: „Ich erinnere mich, dass mir neulich dieser Verdacht gekommen ist", oder „Gestern habe ich plötzlich die Maxwellschen Gleichungen verstanden" – als ob *der Verdacht* oder *das Verstehen* Ereignisse wären, die zu ganz bestimmten Zeiten stattgefunden haben und an die man sich später erinnert. Der kritische Leser wird aber bemerken, dass das, woran man sich erinnert, auch schon eine Erinnerung ist, nämlich die Erinnerung an den Verdacht bzw. an das Verstanden-haben, die unmittelbar nach diesen Vorgängen ins Gedächtnis aufgenommen wird, wobei die Vorgänge selbst, das Aufkommen des Verdachts, das plötzliche Verstehen, möglicherweise von unserem sogenannten „Ich" gar nicht registriert wurden. (Dass das sogenannte bewusste Erleben zeitlich der Verarbeitung von Sinnesreizen oder der Planung einer Aktion nachhinkt, stimmt mit Ergebnissen der Hirnforschung überein, wenn man zum Beispiel mithilfe des Elektroenzephalogramms den Zeitpunkt des Auftretens gewisser Hirnpotenziale feststellt und mit dem Zeitpunkt des entsprechenden introspektiven Erlebnisses vergleicht. Ich will jedoch nicht weiter vorgreifen: Hier geht es zunächst um den Blick „nach innen", um die subjektiven Erfahrungen.)

Das bisher Gesagte ist schon oft gesagt worden. Man hat Denken „Probehandeln" genannt, und dass das sogenannte Bewusstsein eine Frage des Gedächtnisses sein könnte, haben auch schon viele vermutet. Man darf sich das aber nicht zu leicht machen. Ich kann in mir ein Denken feststellen, das ich weder als Abklatsch gemachter Erfahrungen noch als Entwurf zukünftiger Aktionen verstehen kann. Was ich meine, ist das sogenannte *abstrakte Denken*, wie es beim Lösen eines mathematischen Problems zum Tragen kommt, aber auch beim Versuch, einen Ausweg aus einer schwierigen „zwischenmenschlichen" Situation zu finden. Natürlich kann man auch hier behaupten, dass es um das stille Ausprobieren von Sätzen (beim mathematischen Problem) oder von Gesprächen (beim zwischenmenschlichen Problem) geht, die zu einer Lösung führen könnten. Doch sind das Sätze oder Gespräche, die noch nie stattgefunden haben, anders als etwa der Gedanke an den Weg zum Bahnhof, der sich an gemachte Erfahrung anlehnt. Daher spricht man auch gerne vom „*kreativen*", vom schöpferischen Denken.

Man entdeckt auch hier, dass es kaum gelingt, sich selbst beim kreativen Denken zu beobachten. Allerdings kann man, nachdem es stattgefunden hat, Bilder und Wörter aus dem Gedächtnis aufrufen, aus denen sich der eigentliche Denkvorgang möglicherweise rekonstruieren lässt. Ähnlich wie beim Weg zum Bahnhof, nur handelt es sich hier nicht um Häuserfronten und Straßennamen, sondern um abstrakte Wegweiser der Gedanken. Und anders als beim inneren Nachsingen eines Lieds findet die Rekonstruktion des Denkvorgangs sicher nicht im selben Tempo statt wie der Denkvorgang selbst, der einmal vielleicht – als „Einfall" oder „Erleuchtung" – blitzschnell abgelaufen ist, ein anderes Mal in Form einer langen, verschlungenen Meditation.

Sicherlich bedient man sich beim abstrakten Denken und besonders bei seiner Rekonstruktion aus dem Gedächtnis der sogenannten „inneren Sprache" in viel höherem Maße als beim Nachdenken über einen Weg durch die Stadt oder beim Nachvollziehen einer Melodie (zumal wenn es sich um ein Lied ohne Worte handelt). Aber was ist diese „innere Sprache", gibt es sie wirklich oder ist auch dies vielleicht wieder eine Illusion, die erst beim späteren Berichten über „innere" Vorgänge entsteht?

Mir scheint, dass von allen Vorgängen, die ich erlebe, ohne dass irgendwer von außen daran teilhaben könnte, dieses Reden ohne zu sprechen und/oder dieses Hören von Sätzen, die niemand gesprochen hat, in meiner Introspektion am meisten gesichert ist. Den Satz, den ich hier zu Papier bringe, habe ich mir vorher mehrmals in seiner ganzen Länge „durch den Kopf gehen" lassen, habe ihn dabei auf seine grammatikalische (und logische) Korrektheit geprüft und vielleicht entsprechend verbessert, habe die Wortwahl durch das Ausprobieren von alternativen Vokabeln zu optimieren versucht. Dass es sich dabei um einen Vorgang handelt, der in der Zeit abläuft, ganz ähnlich wie ein wirklich gesprochener Satz, erkenne ich daran, dass eine Störung, zum Beispiel ein Klopfen an der Tür, den „innen" gesprochenen Satz an einer ganz bestimmten Stelle unterbricht, von der aus ich ihn später vervollständigen kann.

Man entdeckt noch manches andere, wenn man „in sich hinein schaut", was immer das bedeuten mag. Gefühle, die man zwar benennen kann, aber kaum in Worten beschreiben. Und doch sind sie „beim Blick nach innen" sehr deutlich voneinander unterscheidbar:

*Ungeduld*: Dass etwas nicht geschieht, was ich erwarte oder herbeisehne, erzeugt in mir einen eigenartigen Zustand, gemischt aus Unbehagen und frustriertem Tatendrang.

*Trauer* ist anders: Ausgelöst durch die Erkenntnis, dass zwischen Vergangenheit und Zukunft ein Bruch ist, bei dem etwas unwiederbringlich verloren ging, wird die Gegenwart sozusagen angehalten, nichts wird unternommen, bis alles umgedacht und ein neues Gleichgewicht im Weltbild gefunden ist: kein angenehmer Zustand.

*Wut*: Starke Erregung verbunden mit dem Wunsch, anderen Menschen Schaden zuzufügen.

*Verpflichtung*: Das Gefühl, das einen so lange begleitet, bis eine Handlung getan ist, die man sich selbst oder anderen versprochen hat.

*Müdigkeit*: Verbunden mit dem Wunsch, alle inneren und äußeren Tätigkeiten auf ein Minimum zu reduzieren.

*Freude*: Ausgelöst durch die Feststellung, dass die Welt sich, entgegen allen Befürchtungen, entsprechend der eigenen Wunschvorstellung entwickelt hat.

*Stolz*, *Mut*, *Übermut*, *Furcht*, *Angst*, *Liebe*: Die Liste ließe sich fortsetzen. Es ist schwer festzustellen, wie viele verschiedene Gefühle sich tatsächlich unterscheiden lassen, vielleicht sogar mehr, als bisher in unseren Sprachen mit einer Benennung versehen wurden. Möglich auch, dass die vielen verschiedenen subjektiv unterscheidbaren Gefühle aus Kombinationen einer geringeren Zahl von elementaren Urgefühlen entstehen, ähnlich wie eine große Zahl von unterscheidbaren Farbtönen auf Mischungen von drei elementaren Grundfarben zurückzuführen sind.

Noch etwas entdecke ich „in mir". Es gibt da, zusätzlich zu den Gefühlen, zwei Instanzen, die eine der anderen übergeordnet. Etwas in mir sagt, nicht immer in Worten der „inneren Sprache" ausgedrückt: „Jetzt will ich über das Problem soundso nachdenken", und schon erscheinen die Bilder, die zu dem Problem gehören, und es werden die Verkettungen von Bildern exploriert, die sich vielleicht zu einem Gedanken fügen (sei es auch nur der Weg zum Bahnhof). Oder dieses Etwas sagt, während ich einem Gedanken nachgehe: „Hast du nichts Besseres zu tun? Solltest du nicht lieber deine Hausaufgaben machen?" Dass hier eine *Strategie* der *Taktik* übergeordnet ist, um eine militärische Ausdrucksweise zu verwenden, verführt dazu, die eine mit dem eigenen „Ich" als dem Herren des Denkens zu identifizieren und daraus die Sonderstellung eines allem psychischen vorstehenden „Bewusstseins" abzuleiten.

Man kann das so sehen, wenn man will. Jedoch, dass dieses „Ich" über die unbegrenzte Freiheit verfügt, zu denken und zu tun, was es will, glaube ich nicht. Ich beobachte mich selbst beim Aufstehen aus meinem Bett am Morgen. Ich weiß, dass es schon spät ist, und fühle dumpf Verpflichtungen verschiedenen Menschen gegenüber. Ich versuche jene Anstrengung zu vollbringen, die man einen Willensakt nennt, doch finde ich den Zugang dazu nicht. Ich bleibe liegen mit geschlossenen Augen, willenlos. Auf einmal stehe ich neben meinen Bett und weiß nicht, wie es dazu gekommen ist. Der Übergang von dem einen Zustand zum anderen ist offenbar in meinem Gedächtnis nicht registriert worden. Jedenfalls kann mein „Ich" nicht auf einen Willensakt stolz sein, den es gar nicht vollbracht hat – zumindest nicht „bewusst".

„Bewusstsein" ist ein gelehrtes Wort, mit dem ich nicht viel anfangen kann. Am ehesten kann ich es verstehen im Gegensatz zu „bewusstlos sein". Ich weiß, dass ein Mensch in Narkose oder einer, der einen Schlag auf den Schädel bekommen hat, bewusstlos ist, und zwar in jeder der vielen Bedeutungen, in denen man das Wort verwendet. „Der Faden ist gerissen", sagt man manchmal und meint, dass während der Bewusstlosigkeit die Ereignisse um den Patienten herum nicht in sein Gedächtnis aufgenommen wurden. In der Geschichte, die er über seine Vergangenheit erzählen kann, ist eine Lücke entstanden. Ich

40

kann mich auch selber im Halbschlaf beobachten, wie ich aus einem Zustand, in dem ich alles aufnehme, was in mir und um mich herum vorgeht, in einen anderen gerate, in dem ich nichts registriere, und dann wieder zurück, sodass ich über den Wechsel hin und her berichten kann. Mir scheint, dass das Bewusstsein nichts Rätselhafteres ist als die Fähigkeit, über das Erlebte zu berichten.

Allerdings, wenn mich jetzt einer fragt, ob ich bewusst bin, so werde ich das bejahen, und wenn er dann weiter fragt, wieso ich das weiß, darf ich nicht einfach sagen: „Weil ich jetzt nicht bewusstlos bin", denn wenn ich das wäre, hätte er es wohl selbst bemerkt. Er will mehr von mir wissen, vielleicht, wie sich das von meiner Warte aus ausnimmt, bewusst zu sein. Ich „gehe in mich" und registriere, was ich gerade erlebe: um mich herum die vertrauten Dinge in meinem Zimmer, die ich nacheinander mit meinem Blick erfasse (obwohl ich sie sozusagen immer noch „sehe", auch wenn ich wegschaue), vor dem Fenster ein paar sonnenbeschienene Bäume, mir gegenüber der Freund, den Klang seiner Stimme habe ich immer noch „im Ohr", wie er mir die Frage stellte. Mein Bewusstsein kann ich dabei nicht sehen oder spüren, es tritt ganz in den Hintergrund gegenüber der Wirklichkeit der mich umgebenden Welt. Oder ist diese Wirklichkeit, der Ausschnitt der Welt, der für mich zählt, nicht bloß der Inhalt meines Bewusstseins, sondern etwa gar das Bewusstsein selbst? So wäre also das Bewusstsein nicht in mir und nicht in meinem Gehirn, wie man manchmal hört, sondern ich in ihm!

Diese Redeweise behagt mir. Zu jedem Zeitpunkt meines „bewussten" Daseins beziehe ich einen bestimmten Bereich der Wirklichkeit in meine Überlegungen ein, der räumlich und auch zeitlich begrenzt ist. Ein paar Sekunden Vergangenheit, die im sogenannten Kurzzeitgedächtnis festgehalten wird, ein paar Sekunden Zukunft, für die ich die unmittelbaren Auswirkungen meines Handelns vorausberechnen kann. Hinzu kommt eine längere Strecke der Vergangenheit, die zu meinem stabilen Wissen geworden ist und mich zu der Voraussage einer ferneren Zukunft befähigt. Die räumlichen Ausdehnung ist einerseits durch die Reichweite meiner Sinne gegeben, anderseits, beim weiter reichenden Hintergrundwissen, fast unbegrenzt. Das Ganze wird zusammengehalten durch den fortlaufenden Kalkül, mit dem ich mein Verhalten auf optimale Weise den Gegebenheiten anzupassen versuche. Was als optimal gilt, hängt auch von den Gefühlen ab, die den Kalkül in die eine oder die andere Richtung lenken. Wenn man will, kann man diesen ganzen Komplex von unmittelbarer Erfahrung, von Kurzzeitgedächtnis und Langzeitwissen, von Kalkül und Gefühlen *Bewusstsein* nennen. Besser wäre es, nur jenen Teil davon, der in das Archiv des Gedächtnisses eingeht, über den man also später berichten kann, so zu benennen. Noch besser wäre es, das belastete Wort durch ein neues zu ersetzen, beispielsweise *Aktualität* oder *Gegenwart* oder *Entscheidungsgrundlage*.

Mehr will ich nicht sagen über das, was in mir vorgeht und nur mir zugänglich ist. Wir hatten uns vorgenommen, im Gespräch mit meinem Freund über diese Dinge zu schweigen, um uns umso gründlicher mit der großen wunderbaren Welt zu beschäftigen, die uns umgibt und die wir beide, solange wir auf derselben Bank sitzen, auf dieselbe Weise sehen.

# 3 Der Blick in den Kristall

## Physikalische Meditationen

Man kann bei mir keine Physik lernen. Ich will lediglich zeigen, wie ich als gewöhnlicher denkender Mensch, der nicht aktiv an physikalischer Forschung beteiligt ist, zu einer mich befriedigenden oder wenigstens nicht beunruhigenden Gesamtschau der physikalischen Welt (d. h. der Welt) gelangen kann.

### Physik und ihre Grenzen

Alle Dinge, an deren Existenz ich glaube, sind Gegenstand der Physik. Nicht dazu gehören Dinge, von denen man zwar sprechen kann, allerdings ohne je sicher zu sein, ob es sie wirklich gibt oder ob es sie für alle in der gleichen Weise gibt, Begriffe wie Gerechtigkeit, Schönheit, Empfindung, Geist. Vielleicht gehört der Begriff der Information auch nicht in die Physik, wenngleich die mathematische Formel, mit der Nachrichtentechniker Information messen, der Physik entlehnt ist (von Information wird später die Rede sein, wo es um das Leben geht). Sehr wahrscheinlich wird die Grenze zwischen dem, was Physik und was nicht Physik ist, irgendwann verschwinden, und es geht dann nur mehr um die Unterscheidung von „objektiv existierenden" Dingen, an die wir alle glauben, und solchen, die der Phantasie des Einzelnen entsprungen sind. Die Welt der Lebewesen – und damit auch die der Gehirne und der psychologischen Phänomene – wird in zunehmenden Maße Gegenstand der Physik werden. Es ist zu erwarten, dass dann auch die Phantasie des Einzelnen und seine Empfindungen sich einem geschlossenen physikalischen Weltbild fügen werden und so nichts übrig bleibt, was außerhalb der Physik steht.

### Naive Physik: Meditationen eines Vorsokratikers

Ein Teil meiner täglichen Erfahrung deckt sich mit dem, was im Physikbuch steht:

**Raum** Ich habe keine Schwierigkeit zu glauben, dass der Raum, in dem ich mich bewege, drei (räumliche) Dimensionen hat, nicht mehr und nicht weniger. Wenn ich nach einem Gegenstand greife, reicht es nicht zu wissen, dass er eine Armlänge von mir entfernt ist. Ich muss auch wissen, wie weit er oberhalb oder unterhalb von meiner Augenhöhe liegt und wie weit rechts oder links von meiner Nase. Die drei Maße reichen auf jeden Fall aus, um ihn zu lokalisieren, und es ist mir unmöglich, mir auch nur vorzustellen, welches weitere Maß dazu nötig sein könnte.

**Kräfte**  Mein Raum ist allerdings nicht überall gleich. Ich kann meinen Arm nur frei bewegen bis hin zu dem *Gegenstand*, der mit Recht so heißt, weil er sich meiner Bewegung entgegenstellt. Er bremst meine Bewegung, indem er eine Kraft auf meinen Arm ausübt, eine geringe Kraft, wenn es sich um einen Pudding handelt, eine stärkere, wenn es ein Stein ist. Ich erkenne Gegenstände an den Kräften, die von ihnen ausgehen, und diese Kräfte kann ich ermessen an meiner eigenen Kraft, die sich ihnen entgegenstellt. Gegenstände werden von Kräften zusammengehalten, geringeren Kräften beim Pudding, stärkeren beim Stein. Den Kräften, die dafür sorgen, dass der Stein (oder der Pudding) nicht auseinanderfliegt, ähneln diejenigen, die sich seiner Verkleinerung widersetzen, wie ich erkenne, wenn ich den Gegenstand drücke beziehungsweise ihn auseinanderziehe. Man denke an ein Gummibärchen.

Um die Welt um mich herum zu beschreiben, brauche ich also mehr als die drei Dimensionen des Raums. Hinzu kommt für jeden Punkt die Angabe der Kraft, die von ihm ausgeht, und die Richtung, in der sie wirkt. Gewisse Anordnungen von Kräften im Raum entsprechen dem, was man einen Gegenstand nennt. Ich frage mich, ob es überhaupt Sinn macht, von einem Raum zu sprechen, in dem keine Kräfte und keine Gegenstände sind. Wie könnte man bei einem solchen Raum feststellen, wie viele Dimensionen er hat?

Die Kräfte, die einen Gegenstand zusammenhalten und sich seiner Verformung widersetzen, erkenne ich, wenn ich ihn berühre. Andere Kräfte wirken über größere Abstände: Der Stein in meiner Hand verlangt von mir eine Gegenkraft nach oben, sonst setzt er sich nach unten in Bewegung. Die Kraft, die das bewirkt, kommt nicht aus dem Inneren des Steines, sondern aus seiner Koexistenz mit einem anderen, viel größeren Stein (der Erde) in seiner Nachbarschaft. Auch die Papierschnipsel, die dem Füllfederhalter entgegenfliegen, nachdem ich ihn an meinem Ärmel gerieben habe, folgen einer Kraft aus der Ferne. Ohne den geriebenen Stab würden auch sie zur Erde sinken. Es gibt also an einem Ort des Raumes verschiedene Kräfte, die in verschiedenen Richtungen wirken können. Der Raum hat mehrere nicht-räumliche Dimensionen. Er ist überall von Kräften durchsetzt, verschiedenartigen, verschieden starken Kräften in verschiedenen Richtungen an verschiedenen Orten.

Ich weiß auch, dass ich eine Kraft anwenden muss, um einen ruhenden Stein in Bewegung zu setzen, ebenso, um einen bewegten Stein abzubremsen. Aber weiß ich, was Bewegung ist?

**Bewegung und Zeit**  Nicht nur von Ort zu Ort ist mein Raum verschieden. Er variiert noch in einer anderen Dimension, *Zeit* genannt, in der die Gegenstände im dreidimensionalen Raum ihre Lage relativ zueinander und relativ zu mir verändern. Solche Veränderung heißt Bewegung.

Dass es die Zeit gibt, schließe ich daraus, dass sich meine Welt verändert, auch wenn ich mich nicht in ihr bewege. Ich weiß, dass die Dimension der Zeit ebenso kontinuierlich ist wie die drei Dimensionen des Raums. Wenn ein Gegenstand sich bewegt, das heißt entlang der Dimension der Zeit seinen Ort im Raum ändert, so müssen in allen vier Dimensionen alle unendlich vielen Zwischenstufen durchlaufen werden.

Ein Gegenstand bewegt sich in der Zeit, auch wenn er in allen Dimensionen des Raums ruht. Umgekehrt gilt das nicht. Er kann nicht in der Zeit unbewegt bleiben, während sich seine Lage im Raum ändert. Es gibt nichts Sprunghaftes. Die ganze Welt verschiebt sich stetig in der Zeit. Und zwar immer in derselben Richtung. Ich kann allerdings nicht ausschließen, dass die Zeit irgendwann rückläufig wird, die Welt also alle ihre früheren Stadien in umgekehrter Richtung wieder durchläuft.

Noch etwas Besonderes hat die Zeit, wenigstens für mich. Ereignisse, die in der Zeit zurückliegen, gehören zur Wirklichkeit. Solche in der Zukunft sind Möglichkeiten. Aus verschiedenen Möglichkeiten in der Zukunft wird eine zur Wirklichkeit in der Vergangenheit. Ich erinnere mich nur an Vergangenes. Es ist denkbar, dass es so etwas wie Erinnerung, das heißt ein Wissen um die Wirklichkeit auch für die Zukunft gibt, aber nicht bei uns Menschen.

Manche sagen, dass die Richtung des Fortschreitens der Zeit durch die allgemeine Feststellung gegeben sei, dass sich unwahrscheinliche Zustände der Welt in immer wahrscheinlichere verwandeln. Es erhebt sich die Frage, wieso die Welt mit einem sehr unwahrscheinlichen Zustand ihren Anfang genommen haben sollte. Ganz abgesehen von der Frage, ob die Zeit stehen bleibt, wenn irgendwann der wahrscheinlichste Zustand erreicht ist, was ich nicht glaube. Eine zeitlose Welt wäre eine, in der alle Bewegung aufgehört hat, und das scheint mir kein wahrscheinlicher Zustand zu sein. Beide Fragen lasse ich beiseite.

**Bewegung und Kraft** Folgendes scheint mir sicher: In einer Gegend der Welt, die nur schwach mit Kräften durchsetzt ist, ändert sich der Ort eines Gegenstands entweder gar nicht oder (fast) proportional zur verflossenen Zeit. In einem Raum-Zeit-Koordinatensystem würden sich dann alle Gegenstände auf (fast) geraden Linien bewegen, mit (fast) gleichbleibender Geschwindigkeit. Wo eine Kraft wirkt (in der Nähe eines Gegenstands), krümmen sich die Trajektorien, entweder in einer Ebene, die eine räumliche und die Zeit-Koordinate enthält (wenn die Kraft in Richtung der Bewegung wirkt), oder in einer Ebene, die von zwei Raum-Koordinaten aufgespannt ist (wenn die Kraft von der Seite wirkt).

**Atome und Moleküle** Dass die Materie nicht unendlich teilbar ist, sondern aus kleinsten Teilchen besteht, wusste ich schon lange, ehe ich es im Schulbuch las. Ich brauche Atome nicht im Mikroskop zu sehen, um von ihrer Existenz überzeugt zu sein. Grashalme, Wassertropfen, Kristalle sind Evidenz genug – wie die folgenden Überlegungen zeigen:

*Meditation über einen Grashalm*, der mir, auf der Wiese liegend, schräg über dem Auge steht: Er sieht aus wie ein hoher Baum, aber viel zu dünn. Einen solchen Baum kann es nicht geben, er könnte nicht stehen, auch nicht schräg, er würde abknicken, sage ich mir. Eigentlich sollte es möglich sein, einen Grashalm aus dem selben Material beliebig vergrößert nachzubauen, indem man alle seine Proportionen erhält. Warum ändern sich dann seine Eigenschaften? Einsicht: Weil die Eigenschaften des Gebildes von den Eigenschaften der Teilchen abhängen, und die werden nicht mitvergrößert. Irgendwann übersteigen die makroskopischen Kräfte im Gebilde (z.B. sein Gewicht) die Kräfte, die die Teilchen zusammenhalten. Ich kann 100 Hühnereier in einer Kiste stapeln, und es geschieht nichts. 10.000 Hühnereier in einer Kiste (Gewicht zirka zwei Zentner) verwandeln sich in den unteren Schichten in ein Omelett. Hingegen würden zwei Zentner Straußeneier ihrem eigenen Gewicht sehr wahscheinlich standhalten. Die makroskopischen Eigenschaften hängen von den Eigenschaften der Teilchen (Hühnereier, Straußeneier, Moleküle etc) ab, und diese lassen sich aus ihnen erschließen.

*Meditation über einen Wassertropfen*, ganz analog: Man sieht nie einen Tropfen, der viel größer wäre als die größten Regentropfen oder als die Tropfen, die sich vom Wasserhahn lösen. Auch das führt zu dem Schluss, dass Wasser nicht bis ins Kleinste homogen ist, sondern aus Teilchen besteht. Die Kräfte zwischen den Teilchen, auf denen zum Beispiel die Oberflächenspannung beruht, können den Tropfen am Wasserhahn nur festhalten, solange er ein bestimmtes Gewicht nicht überschreitet. Sie sind offenbar beim großen Tropfen nicht größer als beim kleinen.

*Meditation über einen Kristall*: Auf dem Tisch vor mir liegen verschiedene Mineralien, unter ihnen ein wohlgeformter Bergkristall. Er ist farblos und durchsichtig: Wenn ich ihn auf die Zeitung lege, kann ich durch ihn hindurch die Schrift lesen wie durch eine sauber geschliffenes Glas oder durch reines Wasser. Aber er ist nicht von Menschenhand geschliffen. Die gegenüberliegenden Flächen des Kristalls, die genau parallel zueinander ausgerichtet und fast perfekt eben sind, sind von selbst so gewachsen, in einer Höhlung im Fels. Wenn ich den Kristall von der Spitze her betrachte, sehe ich, dass er sechs Flächen hat, je zwei gegenüberliegende parallel zueinander und benachbarte Flächen genau im Winkel von 120°, wie die Seiten der Zellen in einer Bienenwabe. Ich frage mich, wie beim langsamen Wachstums des Kristalls im Fels die eine Fläche von der Orientierung der gegenüberliegenden wusste, ein paar Zentimeter entfernt, um sich genau parallel zu ihr auszurichten. Die einzige Erklärung ist, dass eine geometrische Ordnung den ganzen Kristall durchzieht und alle seine Flächen und Winkel bestimmt. Eine solche Ordnung könnte es in einer homogenen, strukturlosen Substanz nicht geben. Die glasklare Durchsichtigkeit des Bergkristalls täuscht. Er besteht offenbar aus einem Gerüst von Teilchen, die in regelmäßigen Abständen angeordnet sind und sich zu geraden Ketten und glatten Flächen aufreihen.

Ein anderer Kristall liegt vor mir. Er ist metallisch undurchsichtig, messingfarben und hat die strenge Form eines Würfels: ein Pyrit. Und noch einer, Kalzit, glasklar wie der Quarz, aber ganz anders geformt: ein schräger Quader (Rhomboeder) mit sechs Flächen, je zwei gegenüberliegende parallel zueinander, aber mit verschiedenen Winkeln zwischen jedem Paar von Flächen und jedem der zwei anderen Paare (man denke an ein altes Fachwerkhaus, das sich in zwei Richtungen um verschiedene Winkel geneigt hat). Es gibt offenbar verschiedene Anordnungen von Teilchen (Gitterstrukturen), die den verschiedenen Kristallen zugrunde liegen, und die Winkel in den Gittern hängen wohl von der Geometrie der elementaren Masche ab, in der sich benachbarte Teilchen miteinander verbinden. Diese Geometrie ist bei verschiedenen Teilchen verschieden.

*Zweite Meditation über Kristalle*: Ich besitze einen Quarzkristall mit eingeschlossenen Rutil-Kristallen. Diese haben die Form von dünnen (einige Zehntelmillimeter), metallisch glänzenden geraden Nadeln, die teils in Bündeln, teils einzeln den ganzen Quarz durchziehen. Die Koexistenz der beiden Arten von Kristallen im selben Raum scheint weder den einen noch den anderen zu stören. Der Quarz ist, wie mir scheint, trotz der Einschlüsse genauso gestaltet wie andere reine Quarzkristalle. Was mir zu denken gibt, ist die Form und Anordnung der Rutilkristalle im Quarz. Wie können sie pfeilgerade den Quarz durchqueren, der ja offenbar aus einem Gerüst von Teilchen besteht, an denen der wachsende Rutilkristall sich stoßen, verbiegen, seine Richtung ändern müsste? Schlimmer noch: Die streng geraden Rutilnadeln sind in beliebigen Richtungen angeordnet, ohne sich an die Ebenen und Hauptrichtungen des sie beherbergenden Quarzkristalls zu halten. Es scheinen alle Winkel vorzukommen, die Rutilnadeln wachsen kreuz und quer durcheinander, und auch wo sie in Bündeln angeordnet sind, sind sie nicht genau parallel. Man kommt um den Gedanken nicht herum: Der Quarzkristall, so fest er auch sein mag, ist im Grunde vom leeren Raum nicht sehr verschieden. Die Materieteilchen in ihm, die sich in dem geometrischen Gitter anordnen, füllen offenbar nur einen sehr kleinen Teil des Raumes. Ein anderer Kristall im selben Raum kann sich ohne viel Rücksicht auf das Gitter, in dem er zu Gast ist, ganz nach den ihm innewohnenden Gesetzmäßigkeiten gestalten. Ich schließe daraus, dass Materieteilchen sehr klein sind.

**Sonne, Erde, Mond und Sterne**  gehören zu meinem naiven Weltbild. Ich glaube zu verstehen, warum sie nicht ineinanderfallen oder auseinanderfliegen und – wenn man nicht gar zu akkurat misst – auf welchen Bahnen sie sich bewegen. Ich wäre wahrscheinlich selbst darauf gekommen, wenn das nicht Kopernikus, Kepler, Galileo, Newton vor mir getan hätten. (Allerdings weiß ich auch, dass man den eigenen Geist leicht überschätzt, weil man gar nicht merkt, wieviel von dem, was einem klar ist, aus dem Schulbuch oder aus dem allgemeinen Gerede stammt, als sachte heruntergerieseltes Wissen aus dem Geiste der genannten Giganten.)

**Das Weltall**  ist mir kein Problem. In einer klaren Winternacht kann ich ein gutes Stück davon sehen (sogar zwei Galaxien mit unbewaffnetem Auge, die unsere und die benachbarte M 31, den Nebel in der Andromeda). Die Frage, ob das Weltall unendlich ist oder doch irgendwo eine Grenze hat, ändert nichts an meinem Gefühl des Hier-seins in der Welt. Das Universum ist auf jeden Fall viel größer als die Ereignisse, die mein Leben berühren. Auch dass es immer größer wird, wie man behauptet, beunruhigt mich nicht. Höchstens die Aussage, dass es bei diesem allgemeinen Auseinanderfliegen aller Dinge keinen ausgezeichneten Ort gibt, von dem sich alle Himmelskörper entfernen. Wenn das Universum nicht unendlich ist, muss es einen solchen Ort geben, im Massenzentrum. Ob wir auf unserer Erde in der Nähe dieses Zentrums angesiedelt sind oder irgendwo in der Peripherie, ist für mich persönlich ganz uninteressant.

## Physik vom Hörensagen

Das meiste, was im Physikbuch steht, kenne ich nicht aus eigener Erfahrung. Mir fehlen die Mittel und die Zeit, die Experimente zu machen, auf denen die Fakten beruhen. Dem professionellen Physiker geht es nicht viel anders. Auch er hat den größten Teil von dem, was er glaubt, nicht persönlich nachgeprüft, außer auf dem Gebiet, auf dem er selbst arbeitet, und das ist immer nur ein kleiner Teil des Ganzen. Er vertraut auf die Ehrlichkeit seiner Kollegen – der jetzigen und der früheren – in der Annahme, dass ihre Berufsethik seiner eigenen entspricht. Es ist erstaunlich, in welchem Maße Physik letztlich eine Sache des Glaubens ist, allerdings eines Glaubens, dessen Grundlagen sich tausendfach bewährt haben. Mit anderen Arten des Glaubens hat er gemeinsam, dass seine Festigkeit auf dem Konsens der Gläubigen und auf der historischen Kontinuität ihrer Gemeinde beruht.

**Elementarteilchen** Wenn man lange genug wartet, erfährt man aus der Presse, dass die Portiönchen von Materie, die man uns als elementar verkauft hatte, doch nicht die letzten Bausteine sind, sondern ihrerseits aus noch elementareren Bausteinchen bestehen. So wurden aus den alten „Elementen" Ansammlungen von Molekülen, aus Molekülen Konglomerate von Atomen, aus Atomen kleine Sonnensysteme, in denen Elektronen um Protonen (und Neutronen) kreisen, aus Protonen Behälter für „verschiedenfarbige", verschieden „schmeckende" Quarks. Der Grund für diese fortschreitenden Zerlegungen ist immer wieder der, dass man die rätselhaften qualitativen Unterschiede zwischen den Dingen einer Ebene (z. B. zwischen dem brennbaren Kohlenmonoxid und dem nicht brennbaren Dioxid oder zwischen der elektrischen Ladung eines Protons und dem Fehlen einer solchen beim Neutron) am einfachsten erklären kann, indem man sie auf verschiedene Kombinationen von postulierten Einheiten auf der nächst-„niederen" (d. h. elementareren) Ebene zurückführt. Das ist das alte Leitmotiv der Physik, die Reduktion der bunten Vielfalt der Dinge auf das Schwarz-Weiß der Formeln und Diagramme, die Zurückführung von Empfindung auf Mathematik. (Dass auf der derzeit niedersten Ebene, der der Quarks, von „colour", „flavour" und gar „charme" die Rede ist, erscheint mir als unglückliche Wortwahl.)

Heerscharen von Physikern schaffen mit Hilfe von riesigen Maschinen die Evidenz für eine wachsende Zahl von verschiedenen Elementarteilchen und für die Wirkungen, die sie aufeinander ausüben. Ihre Begleiter, die theoretischen Physiker – Nutznießer oder Dienstherren, wie man's nimmt –, drehen und wenden die experimentelle Evidenz, um jedem Teilchen einen Platz zuzuweisen in einem Schema, das, von Jahr zu Jahr verfeinert und vervollständigt, auf die Geschlossenheit des gesamten Systems abzielt und als wichtigstes Ordnungsprinzip gewisse Symmetrien zwischen den Eigenschaften verschiedener Teilchen annimmt. Das Endziel, wenn es je erreicht wird, wäre die Ableitung des gesamten Schemas und somit der verschiedenen Eigenschaften der Teilchen aus einer einzigen Formel, bei der man sich überlegen könnte, warum sie gerade so ist, wie sie ist, und ob sie in einer anderen Welt etwa anders sein könnte. Vorausgesetzt, dass es eine andere Welt gibt oder überhaupt geben kann.

Ob dieses Endziel in zehn, hundert oder tausend Jahren experimenteller Forschung plus Denkarbeit erreicht werden kann, vermag niemand zu sagen. Es wäre schade, wenn man es aus den Augen verlöre, da die Erleuchtung, die uns eine so fundamentale Einsicht brächte, vermutlich alle anderen intellektuellen Freuden in den Schatten stellen würde.

*Meditation über Teilchen und Wellen*: Einige der Teilchen, die in den Konstrukten der Theoretiker erscheinen, kannten wir schon lange als Wellen, zum Beispiel Photonen als elektromagnetische Wellen oder Phononen als mechanische Schwingungen. Umgekehrt haben Elektronen, bei denen man gewohnt war, sie einzeln auf Leuchtschirmen aufblitzen zu sehen, in anderen Experimenten eindeutig ihr Gesicht als Wellen gezeigt. Diese Doppelnatur aller Dinge, einerseits als periodisch in Raum und Zeit wiederholter Vorgang, andererseits als wohldefinierte Singularität im Raum und in der Zeit, nehme ich zur Kenntnis, ohne sie zu verstehen. Viele kluge Leute haben darüber lange nachgedacht und sind dabei wohl zu entscheidenden Einsichten gekommen, aber wie mir scheint, ist die Darstellung in den Büchern, die sie für unsereinen schreiben, heute ebenso unbeholfen wie ehedem. Mein Gefühl sagt mir, dass es weniger lohnt, sich in Spekulationen über die Doppelnatur der Materie als Teilchen und als Welle zu verlieren, als über den Raum nachzudenken, in dem sie uns – je nach dem Blickwinkel – als das eine oder das andere erscheint. Die Meditation darüber führt zu folgender

*Improvisation über ein volkstümliches Thema*: In den Formeln, die seit etwa hundert Jahren die Interaktionen von Strahlung mit Materie, von Strahlung mit Elementarteilchen und von Teilchen untereinander beschreiben, erscheint immer der Buchstabe *h* als Symbol für das sogenannte *Wirkungsquant*. Das ist eine sonderbare Größe, die bei allen Vorgängen, die sich in kleinsten Bereichen abspielen eine ähnlich unumstößliche Grenze setzt wie die Lichtgeschwindigeit bei den Vorgängen im Großen. Das Wirkungsquant ist das Atom einer Ursubstanz, Wirkung genannt, die nur in Portionen vorkommt, die eine ganze Zahl davon enthalten. Andere Größen kommen in allen Abstufungen vor, je nach dem Kontext, in dem sie gemessen werden. So hängt die Masse eines Teilchens von seiner Geschwindigkeit ab, Geschwindigkeiten sind relativ, Kraft ist eine Funktion des Raumes, Frequenz ändert sich mit der Relativgeschwindigkeit, auch die sogenannten Energiequanten sind nicht konstant, sondern hängen von der Frequenz ab. Das führt mich dazu, die *Wirkung* als den eigentlichen Träger der *Wirklichkeit* anzusehen, wobei das Wortspiel vielleicht ungeahnt tiefe Wurzeln hat. (Merkwürdigerweise ist die Größe, die früher in der theoretischen Mechanik als *Wirkung* eine wesentliche Rolle spielte, im Sachwortverzeichnis moderner Lehrbücher kaum mehr zu finden, außer in der Zusammensetzung *Wirkungsquant.*)

Als Ursubstanz erscheint die Wirkung mir deshalb, weil ihre Atome, die Wirkungsquanten, im Raum der Wirklichkeit eine konstante, von allem anderen unabhängige Größe haben. Was ist das für ein Raum? Die Wirkung ist als Energie mal Zeit definiert. Da Energie die Dimensionen Kraft mal Länge hat, sind die Dimensionen der Wirkung *Kraft, Länge* und *Zeit.* So sehe ich den Raum der Wirklichkeit als ein von drei grundlegenden Dimensionen aufgespanntes Gebilde, um zwei räumliche Dimensionen ärmer als der Raum, in dem wir uns bewegen, mit seinen drei räumlichen Dimensionen, einer zeitlichen und (mindestens) einer Dimension der Kraft.

Das Wirkungsquant ist ein Quader im Raum der Wirklichkeit. Sein Volumen ist, wie wir wissen, konstant und gleich $h$. Seine Seitenlängen, die eine Kraft, eine Länge und eine Zeit bedeuten, wir wollen sie $k$, $l$ und $t$ nennen, können variieren, solange ihr Produkt $klt = h$ ist (und solange das Verhältnis $l/t$ ein bestimmtes Maß $c$ nicht überschreitet). Auch den Flächen des Quaders können wir einen Namen geben. Die eine, das Produkt aus Kraft und Länge $kl$, hat die Dimensionen der Energie und stellt das Energiequant dar. Die andere, $kt$, ist der Impuls. Eine dritte Fläche, $lt$, hat keinen Namen, sie stellt die raum-zeitliche Ausdehnung dar. Da der Quader ein konstantes Volumen hat, kann eine seiner Flächen, z. B. die Energie $kl$, sich nur auf Kosten der dritten Ausmessung, der Zeit, vergrößern (bzw. der Impuls $kt$ auf Kosten der Länge), und dass das so ist, liest man bei den Klassikern.

Auch dieses: Den sakrosankten Quader können wir nur „messen" nachdem wir ihn aus seinem dreidimensionalen Raum auf eine der Ebenen Kraft – Länge oder Kraft – Zeit projiziert haben, um das eine Mal die vertraute Größe Energie $kl$ unter Verzicht aus $t$ zu erhalten, das andere Mal den Impuls $kt$ unter Verzicht auf $l$. Gleichzeitige Projektion auf beide Ebenen scheint aus irgendwelchen Gründen unmöglich zu sein.

Es leuchtet ein, dass etwas verloren geht, wenn man ein Ding, das in einem Raum von drei Dimensionen existiert, in einem Raum von bloß zwei Dimensionen abbildet. Der Schattenriss einer Portraitbüste gibt auf jeden Fall weniger her als das Original. Was aber geschieht, wenn man ein Ding, das in einem Raum mit wenig Dimensionen beheimatet ist, in einem Raum mit *mehr* Dimensionen abbildet? Wenn man zum Beispiel das Wirkungsquant mit seinen drei Dimensionen in einem Raum von (mindestens) fünf Dimensionen betrachtet, wie in unserer Welt mit ihren drei räumlichen Dimensionen, einer zeitlichen und (mindestens) einer Dimension der Kraft? Der Ort des Wirkungsquants muss dabei in zwei der räumlichen Dimensionen unbestimmt bleiben. Hierzu ein vertrautes Beispiel: Was, wenn man den Ort einer Fliege im dreidimensionalen Zimmer bestimmen will, aber nur die zwei Dimensionen ihrer Fluggeschwindigkeit und der seit ihrem Start vergangenen Zeit definiert sind? Die Fliege wird zu unbestimmten Zeiten an jedem beliebigen Ort aufkreuzen, und man würde ihr eine nicht weiter zu hinterfragende, zu ihrem Wesen gehörende Zufälligkeit zuschreiben. Erst wenn die Fliegenklappe zuschlägt, kollabiert die Wahrscheinlichkeitsfunktion und wird zur Beobachtung. Auch das klingt wie manches, was in den Büchern steht.

Abstrakt kann man das so sehen: Man erhält die Projektion einer Figur in einem m-dimensionalen Raum auf einen n-dimensionalen Raum (n < m), indem man eine oder mehrere Kordinaten des m-dimensionalen Raums gleich null setzt. Die Information über die Figur, die in diesen Koordinaten enthalten war, ist in der Projektion verloren. Das heißt, mehreren m-dimensionale Figuren kann dieselbe n-dimensionale Projektion zugeordnet sein (jeder kennt die berühmte Abbildung eines Würfels, der, wenn man einmal kurz blinzelt, zu einem anders gelagerten Würfel wird). Wenn die Wirklichkeit im m-Raum dargestellt ist, stellt sie sich im n-Raum nur teilweise dar. Umgekehrt, wenn der n-Raum der Raum der Wirklichkeit ist, entspricht jedes wirkliche Ding einer Menge von Erscheinungsformen im m-Raum. Es wundert mich nicht, dass die Ereignisse in der Quantenwelt in der Welt der physikalischen Laboratorien mit einer prinzipiellen Zufälligkeit erscheinen.

*Meditation über Parität:* Der Raum der Wirklichkeit hat drei wesensverschiedene Dimensionen. Verlängert man die drei Koordinaten $k$, $l$ und $t$ über ihren Ursprung hinaus, so ändert sich die sogenannte Parität,

d. h. ihre Anordnung wird spiegelbildlich gegenüber der für die positiven Halbachsen. Zwei Wirkungsquanten mit denselben Abmessungen im positiven und im negativen Bereich unterscheiden sich durch ihre Parität, indem das eine das Spiegelbild des anderen ist. Dieser Gedanke bringt mir einiges näher, was über Teilchen ud Antiteilchen gesagt wird. Auch über die Tatsache, dass das Photon mit seinem Antiteilchen identisch ist. Wenn das Licht ein Vorgang ist, der im Raum und in der Zeit auf genau dieselbe Weise periodisch ist, so wird die Unterscheidung zwischen den beiden Koordinaten $l$ und $t$ im Raum der Wirklichkeit für das Licht irrelevant, und Bild und Spiegelbild sind identisch.

*Meditation über bewegte Ladungen:* Dass die Zeit nicht unter allen Umständen gleich schnell verläuft, ist eine Erkenntnis, die ich aus meinem Schulwissen über Elektrizität ableiten kann. Ich weiß, dass es zweierlei elektrische Ladungen mit verschiedenen Vorzeichen gibt, positiv und negativ. Zwei Körper, die mit Ladungen gleichen Vorzeichens versehen sind, stoßen sich ab, solche mit Ladungen entgegengesetzten Vorzeichens ziehen sich an. Bewegte Ladungen nennt man elektrische Ströme. Bei Strömen ist es umgekehrt: Parallele Drähte, in denen Ströme gleicher Ladungen in der selben Richtung fließen, ziehen sich an, Drähte mit Strömen von Ladungen verschiedenen Vorzeichens stoßen sich ab. Die Kräfte, die bewegte Ladungen aufeinander ausüben, sind denjenigen entgegengesetzt – das heißt schwächen diejenigen –, die man zwischen den unbewegten Ladungen misst.

Wir lassen zwei Körper, der eine positiv, der andere negativ geladen, ihrer gegenseitigen Anziehung folgend aus einer bestimmten Entfernung aufeinander zufliegen und messen die Zeit bis zu ihrem Zusammenstoß. Dann bitten wir einen Kollegen, dasselbe Experiment in seinem Raumschiff auszuführen, das mit hoher Geschwindigkeit an uns vorbeifliegt, und beobachten das Ergebnis durch das Fenster des Gefährts. Die Ladungen sind jetzt (zusammen mit dem Raumschiff) bewegt, also Ströme. Zwischen ihnen wirkt eine geringere Kraft, weil die Kräfte zwischen den Strömen den Kräften zwischen den Ladungen entgegengesetzt sind. Entsprechend länger ist die Zeit bis zu ihrem Zusammenprall, die wir durch das Fenster messen. Welche Überheblichkeit, sagt der Kollege, dich als ruhend und mich als bewegt zu sehen! Und tatsächlich misst auch er die Zeit in seinem Raumschiff und findet sie gleich der von mir auf dem Lande gemessenen. Beim nächsten Vorbeiflug beobachtet er durch sein Fenster unser irdisches Experiment, und siehe da, diesmal sieht er den Vorgang bei uns verlangsamt. Man einigt sich: Bewegung ist Ansichtssache, aber man muss zugeben, dass auch die Zeit relativ ist.

*Meditation über Drehung:* Wenn ich mich auf meinem Drehstuhl einmal herumdrehe, so kann man nicht argumentieren, dass ich in Wirklichkeit unbewegt bleibe, während sich das ganze Universum mit Sonne, Erde, Mond und Sternen um mich herum dreht. Der Gedanke ist schon deshalb absurd, weil die Geschwindigkeiten, mit denen sich entfernte Körper dabei bewegen müssten, bei weitem die Geschwindigkeit überschreiten würden, die, nach allem was man weiß die größtmögliche ist. Wenn ich mich in zwei Sekunden einmal herumdrehe (also wie ein behäbiger Direktor auf seinem Schreibtischstuhl), wäre schon beim Mond die Lichtgeschwindigkeit überschritten. Drehbewegung ist, anders als geradlinige Bewegung, nicht Ansichtssache. Man kann sie auch am rotierenden Körper selbst messen, in dem Kräfte auftreten, die ihn auseinander treiben: das fliegende Haar beim tanzenden Mädchen; das Wasser, das am Rand eines rotierenden Kübels hochsteigt.

Drehung ist unbestreitbar Wirklichkeit. Die Dimensionen des Drehimpulses sind dieselben – Kraft, Länge, Zeit – wie diejenigen des Raumes der Wirklichkeit in der Quantenwelt. Auch Drehimpuls hat eine kleinstmögliche Größe, die den Elementarteilchen in ganzzahligen Vielfachen zukommt.

*Meditation über den Ursprung der Welt*: Warum sind auf dieser Welt nicht alle Federn entspannt, alle Dinge, die sich anziehen, ganz nahe beieinander und diejenigen, die sich abstoßen, unendlich weit voneinander entfernt? Warum ist nicht alle Drehung unendlich langsam geworden, indem die Massen, die sich umeinander drehen, unendlich weit auseinandergeflogen sind? Warum gibt es noch Gestalten? Wir befinden uns offenbar auf halbem Weg zwischen einem Anfang, bei dem auf höchst rätselhafte Weise alle Federn maximal gespannt waren, und einem Endzustand, an dem nichts mehr passiert. Man findet sich gerne damit ab.

# 4 Lebewesen

## Information und Wunder

### Meditation über Wunder

Ein Wunder ist es, wenn etwas Auffallendes geschieht, dessen Zustandekommen nicht aus unserem Wissen über die Welt folgt. Das heißt nicht, dass ein Wunder mit den bekannten Gesetzen, die die Welt regieren, in Widerspruch stehen muss. Im Gegenteil, wenn es eine Unvereinbarkeit zwischen einem Ereignis und der bisher bekannten Physik gäbe, dann würde man nicht von einem Wunder sprechen, sondern von einem Faktum, das einen dazu bringen sollte, über die Gültigkeit des physikalischen Schulbuchwissens nachzudenken.

Ein Beispiel: Ich schwinge ein Gewicht an einem Faden im Kreis um mich herum, genau mit der Geschwindigkeit, bei der die (errechnete) Zentrifugalkraft und die Schwerkraft sich die Waage halten, der Faden also einen Winkel von 45° gegenüber der Horizontalen einnehmen sollte. Tut er das nicht, dann bin ich gezwungen, bekanntes Wissen zu revidieren. Ich könnte die Äquivalenz von träger und schwerer Masse in Frage stellen oder aber am Ort, wo ich stehe, eine lokale Anomalie der Erdanziehungskraft annehmen, wie sie gelegentlich, allerdings in sehr geringem Ausmaß, gemessen wird. Das eine wäre eine Herausforderung für die theoretische Physik (mit katastrophalen Folgen für die Himmelsmechanik), das andere ein kleiner Beitrag zur Geophysik. Auf jeden Fall würde keiner auf die Idee kommen, meine Beobachtung als Wunder zu bezeichnen. Man würde mir wahrscheinlich sogar empfehlen, sie in einer physikalischen Fachzeitschrift zu veröffentlichen.

Ein Wunder wäre schon eher dieses: Ich betrachte drei Reihen von Schäfchenwolken am Himmel und stelle fest, dass die Zahl der Wölkchen in jeder Reihe genau dem Tag, Monat und Jahr des heutigen Datums entspricht. Ich sehe das als einen merkwürdigen Zufall an, freue mich darüber und weiß wohl, dass es eine solche Übereinstimmung ohneweiteres geben kann, zwar nicht jeden Tag, aber gelegentlich doch. Ich stelle fest, dass meine Beobachtung keinem aus der Physik bekannten Gesetz widerspricht. Es gibt keinen physikalisch-metereologischen Grund, warum sich die Wolken heute nicht so anordnen sollten, wie ich sie sehe. Aber ich kann nicht umhin, mich darüber zu wundern.

Ich würde mich auch wundern, wenn bei zehn Würfen mit einem unzweifelhaft ausgewogenen Würfel zehnmal hintereinander die Sechs herauskäme. Auch dies ist ein Ereignis, das die Physik ganz kalt lässt, als eine von sechzig Millionen-vierhundertsechsundsechzigtausend-einhundertsechsundsiebzig möglichen Aneinanderreihungen der Zahlen eins bis sechs, die, alle gleich wahrscheinlich, bei zehn Würfen mit meinem Würfel entstehen könnten. Und doch wundere ich mich darüber. Wieso?

Des Rätsels Lösung liegt in dem Ausdruck *merkwürdiger Zufall*, den ich bei den Schäfchenwolken schon gebraucht habe. Auch die Reihe 6, 6, 6, 6, 6, 6, 6, 6, 6, 6 ist ein merkwürdiger Zufall, der sich aus den unermesslich vielen Zufällen, die sich beim Würfeln ergeben, nur deswegen heraushebt, weil man sich diese Reihe viel leichter *merken* kann als, sagen wir, 3, 4, 3, 6, 1, 2, 4, 5, 2, 1 oder 3, 3, 4, 5, 5, 4, 3, 2, 1, 1 (obwohl die letzte Reihe einem Musiker auch als ein bemerkenswerter und leicht zu merkender Zufall erscheinen könnte).

Ein Wunder ist es also, wenn ein physikalisch durchaus legitimer, an sich überhaupt nicht verwunderlicher Zufall mit etwas in uns übereinstimmt, was wir kennen oder erkennen (wie das Datum in den Schäf-

73

chenwolken) oder erklären könnten, falls es kein Zufall, sondern das Ergebnis eines bekannten Mechanismus wäre (z. B. die Reihe $6, 6, 6, 6, 6, 6, 6, 6, 6, 6$ als Ausdruck einer stehen gebliebenen Uhr oder die Reihe $1, 2, 3, 4, 5, 6$ im Ausgang eines Zählers).

Freilich wird ein zufälliges Ereignis, wenn es *merkwürdig* ist, eher bemerkt als ein anderes, und vor allem wird man eher darüber berichten. Beispielsweise über einen, der beim Würfelspiel gestern immer nur die Sechs gewürfelt hat: ein Wunder! So erscheinen also die sehr wenigen merkwürdigen Zufälle in den Gesprächen der Menschen viel öfter als die unermesslich vielen nicht so bemerkenswerten. Das Seltene wird zum Häufigen, nicht, weil es an sich irgend etwas Besonderes wäre, sondern weil es erkannt, reproduziert, vervielfältigt wird.

Leben ist ein seltenes Wunder, das durch die Fähigkeit, Kopien seiner selbst zu erzeugen, zu einem häufigen Ereignis wird.

*Reproduktion* ist das Zauberwort, das am Anfang der Lehre von den Lebewesen steht. Auch am Anfang der Informationstheorie. Die beiden sind wurzelverwandt.

Vervielfältigung (Vermehrung) von Strukturen

Einige Beispiele:

1) Ein Schneeball rollt einen schneebedeckten Abhang hinunter. Der Schneeball hüpft hin und her und löst jedesmal kleine Schneelawinen aus, die bald ihrerseits zu Schneebällen werden, rollen, hüpfen und weitere Schneebälle erzeugen. Aus einem werden viele, größere und kleinere.

2) Man stellt eine sogenannte übersättigte Lösung von Kochsalz in Wasser her. Heißes Wasser kann mehr Salz in Lösung aufnehmen als die gleiche Menge von kaltem Wasser. Gibt man so viel Salz in heißes Wasser, wie darin maximal in Lösung gehen kann („heiß gesättigte Lösung") und lässt man diese Lösung dann langsam abkühlen, so bleibt das Salz eine Weile gelöst, obwohl es mehr ist, als man normalerweise in kaltem Wasser als gesättigte Lösung unterbingen kann (daher „übersättigte Lösung"). Dieser abnorme Zustand bricht sofort zusammen, wenn man die Lösung mit einem weiteren Salzkristall „impft". Das überschüssige Salz fällt dann aus, viele Salzkristalle sinken im Gefäß zu Boden. So wird aus einem Kristall eine große Zahl von ähnlichen Kristallen.

3) Vervielfältigung eines Bildes durch Photographie. Von einem Negativ können fast unbegrenzt viele Abzüge ähnlicher Güte gemacht werden. Allerdings, macht man von einem solchen Abzug wieder ein Photo und von diesem wieder eins usw., dann merkt man bald, wie die Güte der Abbildung bei jedem Schritt abnimmt.

4) Ein Schimmelpilz (genauer gesagt die Spore eines solchen) fällt auf einen Käse. In kurzer Zeit ist der ganze Käse mit einem Rasen von Schimmelpilzen überzogen, die ihrerseits Sporen aussenden und benachbarte Stücke Käse besiedeln.

5) Witze. Wer einen guten Witz hört, neigt dazu, ihn bei jeder Gelegenheit weiterzuerzählen. Das führt dazu, dass bald jeder den Witz kennt. In einem originellen Kopfe geboren, lebt der Witz, mit geringen Abwandlungen, die aber seine Eigenart als Witz nicht beeinträchtigen, in unzähligen Köpfen weiter.

Zwischen den verschiedenen Arten von Reproduktion gibt es bemerkenswerte Unterschiede.

Zunächst einen Unterschied in der Menge an Gestaltung, nennen wir sie ruhig *Information*, die vom Original auf die Kopien übergeht. Im Falle des Schneeballs (1) ist es kaum mehr als die kleine Erschütterung der Schneedecke, die weitere Schneebälle auslöst. Ihre kugelige Form, ihre Konsistenz und Größe sind durch die Beschaffenheit der Materie gegeben, aus der sie bestehen, ihre Bewegung resultiert aus der Schräge der Unterlage. Tatsächlich kann man sich vorstellen, dass ein Tennisball, der über den Schnee rollt, auch eine Schar von Schneebällen auslösen könnte. Die Form des auslösenden Gegenstands findet sich nur ganz grob in der der Kopien wieder, seine innere Struktur hat keinen Einfluss auf deren Beschaffenheit.

Ähnliches gilt für die Impfung der übersättigten Lösung durch einen Salzkristall (2). Auch in diesem Fall sind die entstehenden Kristalle zwar dem auslösenden Kristall sehr ähnlich, sind aber nicht eigentlich Kopien davon. Ihre Form ist, wie die seine, vorgegeben durch die Gesetzmäßigkeiten, die die Zusammenfügung der Atome im Kristallgitter bestimmen. Wenn man lange genug wartet, so entstehen sie auch ohne Impfung, etwa durch Verdunstung des Wassers, in dem sie gelöst waren.

Anders bei der Photographie (3), beim Schimmelpilz (4) und beim Witz (5). Hier ist es das ganz bestimmte Bild, der Schimmelpilz einer bestimmten Art oder der besondere Witz, der weitergegeben wird. Bei jedem

Kopiervorgang wird eine große Menge von Information (oder Gestaltung, wie wir sie genannt haben) übertragen, und wenn sie nicht ausreicht, so ist die Kopie misslungen.

Eine weitere Unterscheidung von verschiedenen Arten der Reproduktion kann man anhand der beiden umgangssprachlichen Ausdrücke *Vervielfältigung* und *Vermehrung* aufweisen, die zwar nicht scharf definiert sind, aber doch das Wesentliche erfassen. Wenn in einer Druckerei von einer Matrize 1.000.000 Exemplare einer Banknote oder von einem Manuskript 10.000 Exemplare eines Buchs gedruckt werden, so spricht man von *Vervielfältigung*. Der Vorgang hat mit obigen Beispiel der Photographie (3) gemeinsam, dass die Kopien nicht ihrerseits im selben Verfahren, in dem sie entstanden sind, weitere Kopien erzeugen können.

Unter *Vermehrung* versteht man eher einen Prozess, bei dem die Kopien selbst zu Originalen werden können. Eine Photokopiermaschine genügt (allerdings begrenzt) dieser Bedingung, wie auch die Schneebälle in unserem Beispiel (1). Besonders deutlich aber die Fälle (4) und (5), die Vermehrung von Schimmelpilzen auf dem Käse oder von Witzen in den Köpfen der Leute.

Es ist kein Zufall, dass (4) und (5) sich auf Lebewesen beziehen. Nur bei diesen trifft beides zu, die große Menge an Information, die bei einem Kopiervorgang übertragen wird, und die Möglichkeit, unbegrenzt Kopien von Kopien herzustellen.

Ich weiß, welcher Einwand jetzt kommt. Nicht nur Lebewesen haben Nachkommen, die ihrerseits Nachkommen zeugen. Auch in der Welt der Computer gibt es so etwas, entweder als ein Spiel, in dem lebensähnliche Phänomene simuliert werden („game of life"), oder in der gefürchteten Form der Computerviren, die sich im weltweiten Verbund der miteinander kommunizierenden Computer als Epidemie ausbreiten und vermehren. Ja, aber auch die Computer gehören zur Menschenwelt, als vom Menschen gemachte Prothesen seines Geistes. Bevor es sie gab, traf diese Aussage sicher zu: Komplexe Strukturen, die sich über viele Generationen vermehren, gibt es in der Natur nur im Bereich des Lebendigen. In Form von Bakterien, Pflanzen, Tieren, Menschen, Sprachen, Büchern, mathematischen Theoremen, Gesellschaftsformen etc. Oder anders ausgedrückt: Wo von komplexen (d. h. viel Information enthaltenden) Strukturen unbegrenzt Kopien und Kopien von Kopien entstehen, spricht man von Leben. In diesem Sinne sind auch Computerviren lebendig. Und natürlich auch Ideen, Sprachen und Gesellschaftsformen.

### Ursprung des Lebens

Irgendwann vor etwa zwei-(oder drei-)tausend Millionen Jahren ist irgendwo auf der Erde zum ersten Mal ein Lebewesen entstanden. Sehr wahrscheinlich war es zuerst nur eines, oder es waren vielleicht ganz wenige in einer Pfütze (in einem kleinen Bereich des Weltmeeres), in der die Bedingungen für ihre Entstehung gegeben waren.

Was damals geschehen ist, wissen wir nicht genau. Man könnte versuchen, in einer mit möglichst vielen verschiedenen, komplexen Molekülen angereicherten Suppe die Bedingungen herzustellen, bei denen sich vielleicht der Zusammenschluss vieler Moleküle zu lebensfähigen Strukturen ergibt. Man würde die Suppe immer wieder umrühren, in der Hoffnung, dass die richtigen Moleküle zueinander finden, dann würde man lange genug warten und untersuchen, ob sich irgend etwas in der Suppe zu vermehren beginnt, dann wieder rühren und auf den Zufall vertrauen und so weiter mit viel Geduld.

Man hat mit künstlichen Ursuppen experimentiert, bisher jedoch, so weit ich informiert bin, ohne wirklichen Erfolg, bis auf den, dass unter Umständen in einer solchen Suppe aus kleinen Molekülen größere Moleküle entstehen, und zwar von der Sorte, die sich auch in den Lebewesen finden. Man wird es sicher wieder versuchen, mit immer raffinierteren Methoden, und es gibt keinen Grund zu bezweifeln, dass man auf diese Weise eines Tages etwas erzeugen wird, was zu Recht als Lebewesen gelten kann.

Welches sind die Eigenschaften, die ein Molekülkomplex haben müsste, um als lebendig zu gelten?

Er müsste erstens *Individuum*, das heißt gegenüber seiner Umgebung deutlich abgegrenzt sein. Man würde ungern von einem Lebewesen sprechen, wenn es sich um eine diffus in der Lösung verteilte Menge von Molekülen handelte, die vielleicht miteinander in Wechselwirkung stehen, sich aber nicht zu einem geometrisch definierten Gebilde anordnen. Da die chemischen Reaktionen im Inneren des Molekülkomplexes notwendig andere sind als die zwischen ihm und der Umgebung, erwartet man als seine Begrenzung eine Membran, die die Innenwelt von der Außenwelt trennt.

Zweitens wäre die *Unteilbarkeit* relevant, eine Eigenschaft die zumindest sprachlich in dem Begriff des Individuums schon enthalten ist. Es gibt sicher eine untere Grenze für die Größe eines lebensfähigen Molekülkomplexes, unterhalb derer die Eigenschaften, die ihn ausmachen, verloren gehen.

Dritte Voraussetzung ist die Fähigkeit zur *Reproduktion*. Man erwartet von einem Lebewesen, dass es Kopien seiner selbst erzeugt beziehungsweise ihre Entstehung aus Molekülen in seiner Umgebung anregt.

Viertens müsste der Molekülverbund *Nahrung* aufnehmen. Ohne Stoffzufuhr können nicht aus einem Gebilde mehrere Gebilde ähnlicher Beschaffenheit und Größe entstehen. Es gibt noch andere Gründe für die Notwenigkeit von Nahrungsaufnahme. Ein Lebewesen, wie jedes andere physikalische Gebilde, ist unentwegt dem Ansturm von zerstörerischen Einflüssen ausgesetzt. Zusammenstöße, Strahlung, ungeordnete („thermische") Bewegung in seinem Inneren können zum Verlust wesentlicher molekularer Bestandteile oder zur Lösung von Bindungen führen, die das Gebilde zusammenhalten. Reparaturen werden notwendig, und diese erfordern Stoffzufuhr. Schließlich ist Nahrung auch nötig, um das lebende Gebilde zu beheizen. Seine inneren und äußeren Bewegungen, die chemischen Reaktionen in seinem Inneren verbrauchen Energie, die durch die Zufuhr von brennbaren oder sonst energiespendenden Molekülen erneuert werden muss.

Fünftens müsste das Lebewesen Stoffe *ausscheiden*, d. h. überflüssige Moleküle an seine Umgebung abgeben. Es ist nicht zu erwarten, dass die als Nahrung verwerteten Stoffe in reiner Form aufgenommen werden. Nahrung enthält Beimischungen von Molekülen, die weder Energie spenden noch für den Aufbau lebender Substanz verwertbar sind. Vor allem müssen die für die Heizung verwendeten Stoffe, nachdem sie ihre Energie abgegeben haben, auch wieder entfernt werden. Ausscheidung und Stoffaufnahme müssen sich die Waage halten, wenn das lebende Gebilde sein Volumen erhalten soll.

Es ist viel darüber geredet worden, welcher Art die chemischen Reaktionen sind und welches die mindestens nötige Größe (und Komplexität) eines Molekülkomplexes ist, bei denen die genannten Eigenschaften möglich werden. Sicher ist, dass solche sich reproduzierenden Molekülkomplexe theoretisch denkbar sind, und das genügt uns. Es ist nicht nötig, das Leben aus der unbelebten physikalischen Welt herauszuheben, indem man mysteriöse Substanzen annimmt, die der unbelebten Materie beigemischt sind, um sie zum Leben zu erwecken, oder ganz neue Gesetze formuliert, die über die bekannten chemischen und physikalischen Gesetze hinausgehen.

## Information

Es ist behauptet worden, dass Information ein Begriff sei, der nur im Bereich des Lebendigen Sinn hat. Umgekehrt kann man sagen, dass Leben nur erklärt werden kann, wenn man den Begriff der Information zuhilfe nimmt. Demnach wäre Information das Primäre, und man müsste ihren Ursprung schon in der unbelebten Natur nachweisen können.

Um da klarer zu sehen, halte ich mich an einige umgangssprachliche Äußerungen, in denen der Gebrauch des Wortes Information gerechtfertigt erscheint.

*Information als Prozess.* Wenn man den Begriff der Information wörtlich nimmt, ist die Erzeugung von Form durch Form vermutlich die ursprüngliche Bedeutung: die Prägung eines Metallstückes durch eine sogenannte Matrize, Fußspuren im Sand, das Einschussloch eines Geschosses. Man muss vorsichtig sein. Schon das letzte Beispiel überzeugt nicht, und erst recht würde man ungern von Information sprechen, wenn es heißt: Die Form des Gravitationsgesetzes bestimmt die Kugelform der Planeten.

Heutzutage spricht man von *Informationsübertragung*. Demnach wäre also Information das, was übertragen wird. Das heißt, sie ist schon in der Form des Fußes enthalten, der die Spur im Sand hinterlässt, und fände sich dann in der Form des Abdrucks wieder, sonst wäre da ja nichts, was übertragen wurde. Der Ausdruck: „die Information, die in einem Text enthalten ist, wird im Computer gespeichert und kann dann wieder als Text abgerufen werden", ist ganz unanstößig und zeitgemäß.

Die Behauptung, dass *Information in der Form* des Fußes enthalten sei, gibt allerdings zu denken. Man fragt sich, ob man von Information sprechen kann, wenn sie sich nicht anderswo in irgendeiner Form wiederfindet, wenn der Fuß zum Beispiel niemals über den Sand, sondern immer nur über Felsen gelaufen ist, wenn er von niemandem je gesehen, photographiert oder betastet wurde. Kann man überhaupt von Information in Strukturen sprechen?

Man kann das auf mindestens zwei Weisen. Einerseits kann man sagen, dass jede Ansammlung von Einzelteilen, die nicht rein zufällig angeordnet sind, Information enthält. Man kann 100 Bohnen regellos auf einen Tisch werfen, oder man kann sie in zehn Reihen von je zehn Bohnen anordnen. Im ersten Fall leuchtet ein, dass keinerlei ordnendes Prinzip die Lage der Einzelteile bestimmt hat. Hingegen kann man im zweiten Fall von Information sprechen, die sich in der Ordnung der Bohnen auf dem Tisch ausdrückt und die entweder von außen (z. B. von einer menschlichen Hand) stammt oder von innen (von einer Neigung der Bohnen, sich in einem Kristallgitter anzuordnen).

Man kann aber auch umgekehrt argumentieren, dass die regellos ausgeschütteten Bohnen mehr Information enthalten als die geordneten. Wenn es uns darauf ankommt, die Lage jeder einzelnen Bohne genau zu bestimmen, so brauchen wir im ungeordneten Fall 2 mal 100 Messungen (jeweils x und y für Länge und Breite), im quadratischen Gitter aber bloß eine kompakte mathematische Formulierung (z. B. „x und y ganzzahlig von 1 bis 10"). Es könnte ja sein, dass die anscheinend regellos ausgestreuten Bohnen in Wirklichkeit eine verschlüsselte Nachricht enthalten, die ein Geheimdienstagent für seinen Komplizen hinterlassen hat. Es leuchtet ein, dass sich in der scheinbaren Unordnung sehr viel mehr verschiedene Nachrichten verbergen könnten als in einer regelmäßigen geometrischen Anordnung, vorausgesetzt, dass der Code vernünftig gewählt ist und dass der Komplize exakt misst.

Indem wir von mehr oder weniger Information in den verschiedenen Anordnungen von Bohnen sprachen, haben wir uns hier schon auf einen Informationsbegriff eingelassen, den es erst gibt, seit Nachrichtentechniker vor etwa einem halben Jahrhundert sich den ursprünglich rein philosophischen Begriff zu eigen gemacht haben. Ihr Anliegen war zunächst, möglichst schnell und fehlerfrei Nachrichten (z. B. Telegramme, Fernsehbilder) durch einen sogenannten Kanal (z. B. ein Überseekabel, einen Radiosender) zu übertragen. Es zeigte sich, dass jeder Kanal aus physikalischen Gründen pro Sekunde nur eine bestimmte Menge von etwas verlässlich übertragen konnte, und dieses „etwas" wurde Information getauft und mathematisch definiert. Es ging dann darum festzustellen, *wieviel Information* in einem Telegramm (einem Fernsehbild etc.) steckt und wieweit diese Menge von Information komprimiert (kodiert) werden kann, um Übertragungszeit zu sparen. Als besonders wichtig erwies sich dabei der Begriff der *Redundanz*. Ein Telegramm des Wortlauts „ich liebe dich ich liebe dich ich liebe dich" kann ohne Bedeutungsverlust über das Kabel gesendet werden in der Form „(ich liebe dich)$^3$", wobei Redundanz ausgenutzt wird, um Platz zu sparen.

Information, Redundanz, Kodierung sind Begriffe, die sich in der Folgezeit als revolutionär in der Biologie erwiesen haben. Ich werde sie später verwenden, wo von Gehirnen die Rede sein wird. Vorläufig begnüge ich mich mit einer mehr hausbackenen Form des Informationsbegriffes:

Wo die Anordnung – und nicht bloß die Menge – der Bestandteile entscheidend die Wirkung eines Gebildes auf andere Gebilde bestimmt, kann man von Information reden, die darin enthalten ist. Wo die Vermehrung eines Gebildes zu Kopien führt, die dieselbe Information enthalten, spricht man von Informationsübertragung. Beide Phänomene sind wesentlich für das Leben.

Allgemeiner: Von Information ist die Rede, wenn man bei ähnlichen Makrostrukturen verschiedene Mikrostrukturen unterscheiden kann. Zum Beispiel ist mein Hausschlüssel dem deinen zum Verwechseln ähnlich, aber der meine öffnet meine Haustür, der deine nicht. Ich würde in diesem Fall nicht zögern, von Information zu reden, die in der Mikrostruktur (im „Bart") des Schlüssels enthalten ist. Mein Schlüssel kann etwas, was der deine nicht kann, nicht etwa weil er „stärker" wäre als der deine, sondern weil er eine bestimmte Information überträgt, die vom Schloss „verstanden" wird.

Die Frage ist noch offen, ob in der sogenannten präbiotischen Welt, also bevor es Lebewesen, Hausschlüssel etc. gab, Situationen vorstellbar sind, bei denen man sinnvoll von Information sprechen kann. Natürlich könnte man sagen, dass die Anordnung der Kohlenstoff-, Wasserstoff-, Sauerstoff- und Stickstoffatome in großen Molekülen die Information darstellt, die entscheidet, wie das Molekül chemisch reagiert (ob als Säure, Base, Alkohol etc.). Und es hätte vielleicht sogar Sinn, in der großen Mannigfaltigkeit der (zu Recht „organisch" genannten) Molekülstrukturen die Grundlage zu sehen für das, was später als Information in der lebenden Materie wirkt. Nur widerstrebt es meinem Sprachgefühl, etwas Information zu nennen, was nicht *Information über etwas* ist. Die Information, die in der Ordnung der lebenden Materie steckt, kann man so deuten, wie ich bald zeigen werde. Die in der Struktur eines „organischen" Moleküls aber nicht: Sie entsteht aus sich heraus und stellt nichts dar.

Bleibt noch die Beziehung, die manche zwischen Information (auch Negentropie genannt) und der Entropie sehen, wie sie in der Thermodynamik und in der Statistischen Mechanik definiert ist. *Entropie* ist ein Maß für die stets wachsende Unordnung, die sich in einem System von vielen Teilchen breit macht, wenn es sich selbst überlassen ist. Was immer man zunächst über örtliche Unterschiede im System aussagen kann (z. B. links warm, rechts kalt, oder unten das Wasser, darüber geschichtet der Rotwein) wird bald nicht mehr wahr sein, indem das System von selbst in eine immer gleichförmigere Verteilung verschiedener Moleküle und verschiedener Geschwindigkeiten übergeht. Die Unordnung nimmt zu, die Information, die man anfangs, wenn man will, in den örtlichen Unterschieden sehen kann, nimmt ab. Auch hier kann man sich fragen, ob der Begriff Information am Platz ist, wenn man nicht weiß, *über was* die Information ist. (Eine mögliche Antwort: letztlich über einen äußerst inhomogenen Anfangszustand der Welt, von dem alle noch existierenden Gestaltungen abstammen. Doch ist dieser Gedanke zu weit entfernt vom Gebrauch des Informationsbegriffs in der Biologie, auf den es uns ankommt.)

Eins darf nicht vergessen werden: Entscheidend ist die Stabilität der Strukturen, in denen sich Information darstellt. Gase und Flüssigkeiten können nicht Träger von Information, also auch nicht von Leben sein. Kein Biologe hätte sich die denkende, redende und handelnde Wolke einfallen lassen, die in dem Science-fiction-Roman eines berühmten (und sonst durchaus ernstzunehmenden) Astrophysikers die Hauptrolle spielt.

## Genetik

Lebewesen, als da sind Pflanzen und Tiere, Bakterien und Viren, bevölkern die Erde in einer sehr großen Zahl verschiedener Formen. Jedes Lebewesen hat Vorfahren und Nachkommen, die sich nur geringfügig von ihm unterscheiden. Zusammen mit ihnen und den übrigen entfernteren Verwandten gehört jedes Lebewesen einer sogenannten *Art* an, wobei die Unterschiede zwischen verschiedenen Arten sehr viel größer sind als die zwischen den Angehörigen einer Art. Auch können die Individuen, die zu einer Art gehören, nicht Vorfahren oder Verwandte von Individuen einer anderen Art sein, außer wenn sich, über längere Zeiträume betrachtet, aus einer Art verschiedene Arten herausbilden, die dann wieder, jede für sich, durch ihren verwandschaftlichen Zusammenhang definiert sind.

Es gilt zweierlei zu klären. Erstens, über welchen Kopiervorgang die Eigenarten eines Vorfahren auf seine

Nachkommen übertragen werden. Diese Frage zu beantworten ist Aufgabe der *Genetik*. Zweitens, aus welcher Quelle die Information ursprünglich stammt, die sich in der Form einer bestimmten Art ausdrückt, und wieso es so viele verschiedene, offenbar durch verschiedene Informationen geprägte Arten gibt, und immer wieder neue im Lauf der Jahrmillionen. Diese Frage drängt sich auf bei Betrachtungen über den Sinn der *Darwinschen Evolutionstheorie*.

Genetik hat ihren Ursprung in den uralten Bemühungen der Züchter, aus den Wildformen von Tieren und Pflanzen durch geschickte Auswahl und Kreuzung möglichst nützliche Haustiere, ertragreiche Futterpflanzen oder hübsche Zierpflanzen zu machen. Die genauere Analyse dieser Versuche hat dann ergeben, dass die Merkmale, die von Generation zu Generation weitergegeben werden, nicht etwa beliebig mischbar sind, sondern abgepackt in wohldefinierte Einheiten, „Erbfaktoren", auch „Gene" genannt, ihre Wirkung tun.

Über die Gene der verschiedensten Tiere und Pflanzen weiß man heutzutage viel, bis hin zur genauen atomaren Zusammensetzung der Riesenmoleküle, in denen sie sich darstellen. Diese Riesenmoleküle sind fadenförmig-eindimensional, und die Information, die das

Gen ausmacht, steckt in der jeweiligen sequenziellen Anordnung der auf dem Faden aufgereihten molekularen Untereinheiten, von denen es nur vier verschiedene gibt, dieselben bei allen Genen aller Tiere und aller Pflanzen. Dieser Text aus vier Buchstaben muss, genauso wie geschriebene Sprache, in einer Richtung abgelesen werden, um Sinn zu ergeben. Einem Merkmal, wie es den Züchtern als unabhängiger Erbfaktor (als Gen) erscheint, entspricht im Riesenmolekül eine Sequenz von etwa 100 bis 1.000 molekularen „Buchstaben" aus dem Alphabet, das nur vier verschiedene Buchstaben enthält.

Diese – wie auf einen langen Papierstreifen sozusagen in einem (nur wenig erweiterten) Morse-Alphabet hingeschriebene – Information hätte für ein Lebewesen wenig Bedeutung, wenn es nicht Mechanismen gäbe, die sie in die Struktur eines lebensfähigen Organismus verwandelten. Das geschieht in zwei Schritten: Zunächst wird (über einen Zwischenschritt) die Sequenz von „Buchstaben" im Riesenmolekül nach strengen Regeln in eine ganz andere Sequenz von molekularen Bestandteilen übersetzt, diesmal ausgewählt aus einem Repertoire von 20 verschiedenen Elementen, den sogenannten *Aminosäuren*. Der nächste Schritt ist ganz der molekularen Physik überlassen. Die Kette von Aminosäuren, jede einzelne schon ein recht komplexes Gebilde, verformt sich dadurch, dass die atomaren Bestandteile der verschiedenen Aminosäuren Kräfte aufeinander ausüben. Es entstehen Windungen, Verdrillungen, Verknäuelungen, Verklebungen und Verkettungen verschiedener Teile derselben Kette, aber auch verschiedener Ketten untereinander. Das Ergebnis ist das, was man ein *Protein* nennt. Die dreidimensionale Form eines Proteinmoleküls, somit auch die Beschaffenheit seiner Oberfläche, die seine Reaktionen mit der Umgebung bestimmt, hängt ganz und gar von der Sequenz von Aminosäuren in der Kette ab, die sich zu dem Proteinmolekül zusammengeballt hat. Somit auch von der Sequenz der Buchstaben aus dem Vierer-Alphabet, in dem diese Sequenz ursprünglich kodiert war. Kleine Unterschiede in der Sequenz können unter Umständen große Unterschiede in den Eigenschaften der Proteine bedeuten, da die Form des Proteinmoleküls ja auf sehr komplizierte Weise von den Kräften in seinem Inneren abhängt.

Es gibt unvorstellbar viele verschiedene Proteine, wie man sich leicht denken kann, wenn man überlegt, auf wieviel verschiedene Weisen 20 verschiedene Aminosäuren in langen Ketten angeordnet sein können. Dabei ist in Wirklichkeit nur ein winziger Teil der noch viel unvorstellbarer großen Zahl von theoretisch möglichen Verkettungen realisiert. Auch alle geschriebenen Texte einer Sprache stellen nur einen winzigen Teil der möglichen Verkettungen der 26 Buchstaben unseres Alphabets dar. In dem, was noch geschrieben werden kann, wie in dem, was in der Welt der Lebewesen noch entstehen kann, ist gleichermaßen eine schier unendliche Freiheit enthalten.

Bleibt noch zu klären, wie die Information, die die Struktur eines Lebewesens ausmacht, von einer Generation auf die nächste übertragen wird. Es scheint bei allen heute lebenden Tieren und Pflanzen, Bakterien und Viren gesichert zu sein, dass das, was kopiert wird, nicht die Sequenz von Aminosäuren in den Proteinen ist, sondern die Sequenz der vier verschiedenen Buchstaben in den Riesenmolekülen: dieselbe Information, anders kodiert. Warum das so ist, weiß man nicht. Es könnte zusammenhängen mit der Neigung der Ketten von Aminosäuren, sich zu verknäueln, was sie ja sollen, damit die daraus entstehenden Proteine ihre spezifische Funktion ausüben können. Es ist sicher schwieriger, die Sequenz bei einer so verschlungenen Kette abzulesen und zu kopieren, als bei einem Faden, der im Wesentlichen gestreckt und unvernetzt bleibt. Allerdings ist das Ablesen und Kopieren ein

Vorgang, der nicht ohne die Mitwirkung von komplizierten Proteinstrukturen als Kopiermaschinen stattfinden kann. Die DNA (Desoxyribonukleinsäure; ich habe diese Bezeichnung für die genetischen Riesenmoleküle bisher vermieden) besorgt sich selbst die „Kopiermaschine", indem sie die Information für die dazu geeigneten Proteine durch Übersetzung in eine besondere Aminosäuresequenz weitergibt, die sich dann zu diesen Proteinmolekülen faltet.

Evolution

Nach dem Gesagten steht unzweifelhaft fest, dass es bei der lebenden Materie auf die besondere Strukturierung komplexer molekularer Gebilde ankommt und dass diese Strukturierung getreulich auf die Nachkommen eines Individuums übertragen werden kann. Dabei können ähnliche Gebilde (genetische Riesenmoleküle oder Aminosäuresequenzen) unter Umständen dieselben oder fast dieselben Mengen derselben Bestandteile enthalten, sich in ihren Wirkungen aber wesentlich unterscheiden je nach der verschiedenen *Anordnung* der Bestandteile. Diese Auswirkung der (nicht periodischen) mikroskopischen Ordnung auf die makroskopischen Eigenschaften ist etwas, was wir in unserem menschlichen Bereich bei *Texten* kennen. Das Wort STOP auf einem Straßenschild besteht aus denselben Lettern wie das Wort POST auf einem anderen, nur anders angeordnet und mit entsprechend unterschiedlicher Wirkung. Ich habe keine Schwierigkeit, bei Straßenschildern von der Information zu reden, die sie enthalten, und verwende dieselbe Redeweise auch im Bereich des Lebendigen. *In der Struktur jedes Lebewesens ist eine ungeheuere Menge von Information enthalten,* und wie sich das für Information gehört, kann sie abgelesen und weitergegeben werden. Allerdings stellt sich dann die Frage (die bei Straßenschildern kein Problem ist): Wo kommt die Information in der lebenden Materie her?

In unserer Menschenwelt sind wir gewohnt, wo immer uns Information begegnet, einen Menschen als „Autor", also Urheber der Information anzunehmen. Deswegen neigen wir dazu, auch die Information, die uns in der Form eines Blattes oder einer Blüte, in der einer Bienenwabe, als Amselgesang oder Affengekreische entgegentritt, der kreativen Phantasie eines menschenähnlichen Erfinders zuzuschreiben. Wenngleich die Mehrheit der Menschen seit jeher an ein solches „höheres Wesen" als „Schöpfer" der belebten (und unbelebten) Natur glaubt, so ist es doch ganz unklar, welche Eigenschaften, außer der Kreativität, diesem

Wesen zukommen. In einem sind sich alle, die lange genug darüber nachgedacht haben, ob Theologen oder Naturphilosophen, einig: Das Wesen, dem man Kreativität zuschreibt, ist ein abstraktes Prinzip, mehr von der Art eines Wortes, einer physikalischen Formel oder eines Gedankens, (*„logos"* heißt das in den Schriften) als von der eines irgendwo in der Welt oder außerhalb der Welt ansässigen, denkenden, handelnden, fühlenden und wollenden kosmischen Super-Menschen. Auf welches Prinzip, auf welche Formel kann man die Information zurückführen, die in der lebenden Materie hingeschrieben steht? Und wovon ist bei dieser Information die Rede?

Wovon die Rede ist, ist zunächst ziemlich klar. Genetische Information, die sich (in Proteine übersetzt) in der Struktur eines Organismus wiederfindet, handelt von der optimalen Organisation eines Organismus zum Zwecke seines Überlebens und seiner Vermehrung in seiner Umwelt.

Damit ist noch nicht gesagt, *woher sie stammt.* Hier muss man zweierlei Informationsquellen unterscheiden, die eine abstrakt und einmalig, die andere konkret und vielfältig. Einerseits ist die Information, die von Lebewesen zu Lebewesen weitergegeben wird, Information über die molekularen Bedingungen des

Lebens und der Fortpflanzung, der Eigenschaften also, die allen Lebewesen zukommen. Diese Information, diese Formel, die das Leben ermöglicht, kann man auf das Urlebewesen zurückführen, von dem wir alle abstammen und von dem wir annehmen, dass es zufällig und einmalig in der Ursuppe entstanden sei. Andererseits aber muss man bedenken, dass die Millionen von Tier- und Pflanzenarten untereinander sehr verschieden und jeweils an ganz besondere Lebensbedingungen, sogenannte *biologische Nischen* gebunden sind. Der größte Teil der Information, die den Bauplan eines bestimmten Tieres (einer bestimmten Pflanze oder eines Bakteriums) ausmacht, stammt aus den besonderen Bedingungen, die die entsprechende Nische für das Leben in ihr stellt. In diesem Sinne ist jedes Lebewesen ein Abbild der Nische, des Stückes Umwelt, auf das es geeicht ist. Keine Kopie im eigentlichen Sinne, sondern eine Übersetzung der Möglichkeiten, die die Nische bietet, in die Realisierung dieser Möglichkeiten im Organismus.

Zurück zu dem Urlebewesen in seiner Ursuppe. Der abgeschiedene Winkel des Urmeers, in dem es entstanden ist, beibt sich nicht ewig gleich. Kraft der Fähigkeit, sich zu vermehren, hat das Urlebewesen bald Unmengen von Nachkommen, die miteinander um die Resourcen in der Suppe konkurrieren und die sich durch ihre Ausscheidungen gegenseitig (und auch selbst) vergiften. Dadurch ist ihrer Vermehrung eine Grenze gesetzt. Vielleicht ist die Bucht auch zu einer Lagune geworden, und die Konzentrationen von Salzen und Gasen im Wasser, auf die das Lebewesen ursprünglich eingestellt war, haben sich verändert.

Hier kommt dem Lebewesen und seinen Nachkommen die jedem Kopiervorgang eigene Fehlerhaftigkeit zugute. Aus Gründen, die vielleicht auf die Gesetze der Quantenwelt zurückgehen, sicher auf die aller Materie innewohnende mikroskopische ("thermische") Bewegung und auf den allgegenwärtigen Beschuss von Strahlung aller Art, gibt es keine absolut verlässlichen Kopien irgendwelcher Strukturen. Einzelne Kopien weichen in Kleinigkeiten vom Original ab, und diese Varianten werden an weitere Kopien ihrer selbst weitergegeben, die ihrerseits wieder gelegentlich von der Vorlage abweichen können. Jede Population, die von gemeinsamen Ahnen abstammt, beinhaltet Individuen, die in manchen Details mehr oder weniger vom ursprünglichen Schema abweichen. Das ist in den meisten Fällen für den Einzelnen nicht von Vorteil, macht aber für die Gesamtpopulation nicht viel aus, in der sich ja ohnehin die lebenstüchtigen

Individuen bis an die Grenzen des Möglichen vermehren.

Es gibt Situationen, in denen die genetischen Abweichler zu Lebensrettern werden. Erstens, wenn die Umwelt sich verändert, wenn die Urpfütze zum Beispiel durch Verdunstung langsam immer salziger wird, wodurch die dem Urlebewesen ähnlichsten Nachkommen, die ja auf ein weniger salziges Milieu eingestellt waren, arg in Bedrängnis kommen. Andere, vielleicht dickhäutigere Mitglieder der Population, die bisher als pathologische Varianten ihr Schattendasein führten, könnten jetzt die Oberhand bekommen und ihre traditionalistischen Verwandten verdrängen. Ohne die Abweichler, ohne die Flexibilität, die durch die Variation innerhalb einer Population entsteht, wäre der ursprüngliche Ansatz zum Leben in der Ursuppe sehr bald erstickt.

Die Varianten innerhalb der Population einer Nische bringen aber auch noch einen anderen, viel weit reichenderen Vorteil. Wenn die Urpfütze so voll ist, dass sie keinen Bevölkerungszuwachs mehr vertragen kann, so gibt es vielleicht eine benachbarte Pfütze, die den überschüssigen Nachkommen unseres Urlebewesens Lebensraum bieten könnte. Diese zweite Pfütze ist sicher nicht genau gleich wie die erste, vielleicht schlammiger, sauerer oder alkalischer, wärmer oder kälter, ärmer oder reicher an kohlenstoff- oder stickstoffhaltigen Molekülen. Wenn ein Teil der Bevölkerung der Pfütze Nr. 1, vielleicht bei einer Überschwemmung, in die Pfütze Nr. 2 gelangt, so finden die meisten Individuen dort alles andere als günstige Lebensbedingungen und werden sich nicht lange halten können. Aber mit einer gewissen Wahrscheinlichkeit sind auch die paar pathologischen Abweichler dabei, die in ihrer Konstitution zufällig der neuen Umgebung angepasst sind. Sie werden sich dort ausbreiten, und was in der ersten Pfütze pathologisch war, gereicht ihnen jetzt zum Vorteil und wird zur Norm.

Damit hat sich die eine Art des Urlebewesens in zwei Arten aufgespalten, jede nach einer Weile optimal eingerichtet für das Leben in ihrer Nische und unfähig, in die andere hinüberzuwechseln. Bald werden es drei und mehr Nischen sein, die ihre Eigenarten der genetischen Ausstattung von ebensovielen Arten aufprägen und die dafür sorgen, dass jede Art, solange die entsprechende Nische unverändert bleibt, stabil bleibt. Diesem Prozess der Bildung neuer Arten ist kein Ende gesetzt, und das Ergebnis ist die Vielfalt der Lebewesen, wie wir sie kennen.

(Eine Bemerkung am Rande: Man klagt oft über das Aussterben von Pflanzen- und Tierarten in unserer heutigen, vom Menschen ausgebeuteten und mit Chemikalien verschmutzten Welt und nennt da erschreckende Zahlen. Was nicht gesagt wird und auch schlecht abzuschätzen ist, ist die Zahl neuer Arten, die täglich auf der Welt entstehen, heute in unserer sich rasch verändernden Umwelt wahrscheinlich sogar mehr als früher, dank den vertrauten Mechanismen der Evolution, die ja keineswegs abgeschlossen ist.)

Bei der ständigen Zunahme der lebendigen Materie in der Natur ging es in den ersten paar Jahrmilliarden vielleicht wirklich nur um die Anpassung der Biochemie an immer neue Nischen, die sich in ihrem chemischen Angebot nur geringfügig unterschieden. Mit der Zeit waren die Lebensräume, die sich für primitive Formen des Lebens eigneten, einer nach dem anderen von Leben randvoll erfüllt, und wer sich weiter vermehren wollte, musste neue Nischen entdecken – oder wenn man so will erfinden –, die kompliziertere Anforderungen an das Überleben stellten. Entsprechend komplizierter wurden die organismischen Strukturen, die diesen Anforderungen gewachsen waren.

So wird die Entwicklung neuer Arten zu einem Weg „nach oben", wie manche sagen, das heißt in Richtung von Lebewesen, die immer mehr Information von einer Generation zur nächsten weitergeben müssen, um die immer komplexeren Interaktionen mit ihrer jeweiligen Nische zu bewältigen. Es ist jetzt mehr Information in den Lebewesen enthalten, weil die Nischen, deren Abbild sie sind, komplexeren, informationsreicheren Definitionen entsprechen. Es geht nicht mehr um Pfützen, die mehr oder weniger warm sind, mehr oder weniger Kalium oder Natrium enthalten, sondern um Lebensweisen, bei denen Fortbewegung, Erkennung von chemischen Gradienten, von Druckschwankungen, Licht und Schatten eine Rolle spielen.

Hinzu kommt, dass verschiedene Pflanzen und Tiere (Einzeller, Bakterien etc.) jetzt dieselben oder überlappende Lebensräume bewohnen können. Sie müssen aufeinander eingehen, und das Überleben einer Art hängt vom Überleben vieler anderer auf komplizierte Weise ab. Es gibt pflanzenfressende Tiere, fleischfressende Pflanzen, fleischfressende Tiere, pflanzenfressende Bakterien, bakterienfressende Viren etc., Symbiosen und Antagonismen aller Art. Die Definition einer Nische beinhaltet jetzt solche Begriffe wie

Jäger sein, Beute sein, sichtbar oder unsichtbar sein, sesshaft oder beweglich. Entsprechend sind die Lebewesen verschieden, die die verschiedene Nischen okkupieren.

Mir ging es darum zu zeigen, dass Information etwas ist, das aus der Welt der Lebewesen stammt. Letztlich freilich aus einer Unzahl von zufälligen örtlichen Konformationen der unbelebten Natur, in denen Leben möglich wird und die als Lebensnischen in der jeweiligen Art abgebildet sind und genetisch weitergegeben werden. So wie die zufällige Anordnung der Schäfchenwolken zum Wunder wird, indem ich darüber berichte, so werden die zufälligen Gegebenheiten der Natur zur Lebensnische und damit zur Information, indem sie als Wissen in lebendige Strukturen eingebaut und über die Generationen weitergegeben werden.

Noch eins: Manche stören sich daran, dass die Höherentwicklung des Lebens bis hin zum Menschen ein Prozess sein soll, der ganz ohne Direktion und ohne vorgegebenes Ziel als Ergebnis einer langen Reihe von Zufällen stattgefunden hat. Die Geschichte, wie ich sie hier skizziert habe, sollte sie beruhigen. *Evolution hat eine Richtung,* die durch den zunehmenden Einbau von Information in die Lebewesen gegeben ist.

Insgesamt speichert die lebende Substanz immer mehr Wissen über die Welt und über die Möglichkeiten, in ihr zu leben. Evolution wird gesteuert durch das Prinzip des fortgesetzten Wissenserwerbs seitens einer immer größer, immer vielfältiger werdenden Menge von lebensfähigen Arten.

### Klassifikation der Lebewesen

Man weiß in der Welt der Tiere und der Pflanzen wie auch in derjenigen der Mikroorganismen ziemlich genau, wer mit wem näher oder entfernter verwandt ist. Das ergibt sich aus dem Grad der Übereinstimmung der Sequenzen von „Buchstaben" in den genetischen Riesenmolekülen verschiedener Arten, der einen Hinweis auf mehr oder weniger weit zurückliegende gemeinsame Vorfahren gibt. Die molekulargenetischen Untersuchungen bestätigen in den meisten Fällen die Stammbäume, die frühere Biologen entworfen hatten. Damals war das Kriterium für Verwandschaft im Wesentlichen die – manchmal auch verborgene – Übereinstimmung in der Anatomie, die die Schwalbe, den Strauß und das Pinguin zu Vögeln macht, den Delphin, die Fledermaus und den Menschen zu Säugetieren, die Schildkröte, das Krokodil und die Viper zu Reptilien.

Die Beispiele zeigen, dass verwandte Arten sehr verschieden gestaltet sein können und sich im Verhalten radikal unterscheiden. Umgekehrt gibt es Beispiele genug von Tieren und Pflanzen, die, obwohl genetisch nur sehr entfernt verwandt, untereinander (für den Laien) zum Verwechseln ähnlich sind. Die Zoologen nennen das *Konvergenz*, achten aber im Allgemeinen das Phänomen geringer als die Verwandschaften, die auf der gemeinsamen Abstammung beruhen. Ein eklatanter Fall von Konvergenz ist der (leider ausgestorbene oder im Aussterben begriffene) Tasmanische Wolf, dessen Ähnlichkeit mit unserem Wolf in Kopfform, Körperbau, Gebiss und sogar in der Färbung seines Fells an einem ausgestopften Exemplar im Londoner naturwissenschaftlicchen Museum bestaunt werden kann. Und doch ist der Tasmanische Wolf viel näher verwandt mit dem (ganz anders aussehenden) Känguru als mit seinem europäischen Namensvetter, und dieser viel näher mit dem Menschen als mit jenem.

Was die beiden unverwandten Wölfe gemeinsam haben, ist der Lebensstil des Wolf-Seins, der ihnen von offenbar sehr ähnlichen Nischen in zwei entgegengesetzten Gegenden der Erdkugel aufgeprägt wird. Überhaupt bietet die australische Kollektion von Beuteltieren, die mit unsereinem (den Plazentaliern) nur sehr entfernt verwandt sind, viele Beispiele von konvergenter Anpassung an offenbar ähnliche Nischen. Der Kopf des Kängurus mit den aufgestellten Löffeln und die hoppelnde Fortbewegung auf starken Hinterbeinen sind Merkmale, die aus guten Gründen auf unsere ebenfalls auf rasche Fluchtmöglichkeit angewiesenen Hasen verweisen. Auch gibt es australische Beuteltiere, die wie Katzen, Marder, Ratten, Eichhörnchen aussehen und sich wie diese verhalten, in offenbarer Anpassung an die analogen Lebensmöglichkeiten oder Nischen.

Die Prägung der Formen verschiedener Tiere durch allgemeine Prinzipien des Daseins kann man durch das ganze Tierreich verfolgen. Tiere, die angewurzelt an einem Ort ihren Lebensunterhalt dadurch verdienen, dass sie auffangen, was ihnen zugetragen wird (z. B. Aktinien, Wasserpolypen) haben oft, wie Pflanzen, einen Körper mit axialer Symmetrie. Dagegen sind Tiere, die sich bewegen, meist bilateral symmetrisch gebaut, mit deutlicher Asymmetrie in der vorne-hinten und oben-unten Richtung, die eine bedingt durch die Vorzugsrichung der Bewegung, die andere durch die Richtung der Schwerkraft. Wer sich wie Hai, Delphin oder Pinguin geschwind durch das Wasser bewegt, hat einen stromlinienförmigen Körper mit sehr reduzierten Extremitäten. Körperform und Lebensart der Vorfahren, die im Wasser, auf dem Trockenen bzw. in der Luft zuhause waren, sind dabei vollkommen vergessen.

Auch bei vielen Pflanzen zeigt sich die Übermacht der Gestaltung, die aus der Nische stammt, gegenüber der von den Vorfahren ererbten. Kakteen müssen so sein, wie sie sind, mit lederiger Haut, um in der amerikanischen Wüste nicht auszutrocknen, durch Stacheln geschützt vor hungrigen und durstigen Wüstentieren. In Afrika gibt es Wüstenpflanzen, die mit ihrer Lederhaut, ihren Stacheln und ihrer gedrungenen Gestalt den amerikanischen Kakteen außerordentlich ähnlich, mit ihnen jedoch im Sinne der Abstammungslehre überhaupt nicht verwandt sind (dafür aber mit unseren heimischen Geranien).

Wenn ich die Zeit dazu hätte, würde ich ein Lehrbuch schreiben, in dem die ganze Tier- und Pflanzenwelt nach meinen Prinzipien neu eingeteilt wäre. Es würde sesshafte und bewegliche Lebewesen (Pflanzen oder Tiere) unterscheiden, kleine, mittelgroße und große Lebewesen, Tiere, die sich auf der Erde bewegen, im Wasser oder in der Luft, schnell oder langsam, Pflanzenfresser, Fleischfresser und Parasiten, aggressive Tiere, auflauernde Tiere und flüchtende Tiere, Einzelgänger und Gesellschaften, Tiere und Pflanzen heißer und kalter, feuchter und trockener Gegenden, Tagtiere und Nachttiere. Die Fledermaus käme in dieser Klassifikation in die Nähe der Nachtschwalbe, die Eule in die Nähe der Katze, die Taube in die Nähe der Ratte, der Kolibri in die Nähe der Schmetterlinge. In jeder der so definierten Klassen würden erstaunliche Übereinstimmungen zutage treten. Der Titel könnte lauten: „Taxonomie der Lebensnischen in ihrer Auswirkung auf Tiere und Pflanzen". Das auf die Feudalzeit zurückweisende oberste Einteilungsprinzip, *wer von wem abstammt*, würde dabei ganz in den Hintergrund treten gegenüber der Frage, *wer was kann*.

## Deutung und Bedeutung

Verschiedene Pflanzen und Tiere bestimmen gegenseitig ihre Lebensnischen. Viele Tiere sind auf ganz bestimmte Futterpflanzen angewiesen. Manche Insekten, z. B. Gallwespen, können sich nicht fortpflanzen, wenn sie in ihrer Umgebung nicht die einzig mögliche Pflanzenart finden, in der sich ihre Eier entwickeln können . Andere Wespen deponieren ihre Eier in ganz bestimmte Raupenarten. Manche Pflanzen sind für ihre Befruchtung auf Insekten (z. B. Bienen) angewiesen, die den Pollen von einer Blüte zur anderen tragen. Andere sichern ihre Verbreitung, indem sie den Vögeln nahrhafte Früchte anbieten, deren Samen im Gegenzug weit weg transportiert werden und, zusammen mit dem Vogelkot, als Dünger auf den Boden gelangen.

Bei dieser Vernetzung der Lebensnischen von Pflanzen und Tieren zeigt sich ein weiterer Zusammenhang, in dem Information eine Rolle spielt: Arten, die aufeinander angewiesen sind, senden Signale aus, die sie zu erkennen geben. Orchideenblüten werden zu Attrappen, die bei gewissen Insekten Sexualverhalten auslösen, und davon profitieren die Orchideen. Andere Blüten locken durch ihre Düfte oder durch ihre Farbe, Früchte, die gefressen werden wollen, durch grelle Farben und durch ihren Geschmack. Ganz abgesehen von den Signalen, die dazu führen, dass Individuen derselben Art zueinander finden: die sexuellen Lockdüfte vieler Tiere, die bunte Dekoration der verschiedenen Schmetterlingsflügel, der artspezifische Gesang der Vögel. Auch gibt es Signale mit negativer Wirkung: Die sehr verbreitete Schutzfärbung (Mimikry) gegen die Entdeckung durch Raubtiere, die falschen Augenflecken (bei Schmetterlingen, Raupen, Fischen), die andere Tiere erschrecken oder verwirren sollen, das sich Aufblähen oder Aufplustern, um größer und stärker zu erscheinen, als man ist. Warnfarben: das Schwarz-Gelb der Wespe, des Feuersalamanders, der Gila-Krustenechse und mancher Raupen mit der Bedeutung „friss mich nicht, du würdest es bereuen".

Das letzte Beispiel macht deutlich, dass es bei den Signalen, die zwischen Tier- (und Pflanzen)arten wirken, nicht immer um Abbildungen von irgendetwas geht (von Katzenaugen und Pflanzenblättern auf den Flügeln von Schmetterlingen, von Insektenweibchen in den Orchideenblüten etc.). Das Schwarz-Gelb als Signal der Warnung stammt, soviel ich weiß, nicht von einem in der Natur gegebenen, gefährlichen schwarz-gelben Ding (Schwefel und Kohle als Bestandteile des Schießpulvers sind eine späte Erfindung, ebenfalls das Schwarz-Gelb der Habsburger). Es ist somit ein *Symbol*, ein Zeichen, das seine Bedeutung durch Zufall bekommen hat und dann in der Tradition festgeschrieben wurde, wie die meisten Wörter der menschlichen Sprache, die in ihrer Form nichts mit dem Ding, das sie bedeuten, gemeinsam haben. Das Erstaunliche ist, dass ein solches symbolhaftes Signal offenbar von mehreren Tierarten verwendet und auch von mehreren verstanden wird, als ob es (wenigstens in Ansätzen) eine *Universalsprache des*

*Lebendigen* gäbe. Wenn einer meint, dass von Information erst die Rede sein kann, wo es, wie beim Menschen, um den Verkehr mit *Symbolen* geht, ist es für ihn lehrreich zu erfahren, dass dieser auch beim Signalaustausch im Tierreich vorkommt.

Der wohlausgebildete moderne Biologe kennt all diese Phänomene und wird sie vielleicht auch am Rande seiner Vorlesungen als amüsante Anekdoten weitergeben. Er wird aber seine Schüler warnen, sie nicht allzu ernst zu nehmen, mit der Begründung, dass es sich in allen Fällen bloß um allzu menschliche Deutungen handelt. Werden die runden Flecken auf den Schmetterlingsflügeln, die uns an Katzenaugen erinnern, von einem Vogel wirklich als solche verstanden? Der Beweis, wird er sagen, ist unmöglich.

Da hat er Recht. Aber es entgeht ihm die Tatsache, dass, wo es um die Übertragung von Information, also um Bedeutung geht, die *subjektive Deutung* seitens des Empfängers prinzipiell immer entscheidend ist. Man kann keinen Text *verstehen*, ohne ihn zu deuten, und ob meine Deutung derjenigen des Autors oder auch derjenigen der anderen Leser entspricht, hängt letztlich von den Zufällen der Subjektivität ab. Doch trifft jede Deutung das Wesen der Information besser als gar keine Deutung, als das Nicht-Erkennen von Information.

Lebewesen enthalten Information, sind das Ergebnis von Information, geben Information weiter, sind fleischgewordene Information über die Bedingungen, die ihre jeweilige Nische an das Überleben in ihr stellt. Diese Information zu lesen heißt das Wesen eines Lebewesens zu erkennen. Gelegentliche Fehldeutungen sind dabei ebenso unvermeidlich wie die Fehldeutungen beim Übergang der Information von der Umwelt in die genetischen Informationsträger, von diesen in die Struktur des Organismus, von einem Tier zum anderen.

# 5   Das Gehirn: Ebenbild der Welt

## Die Macht der Fasern

Das Gehirn ist der Angelpunkt, um den sich meine Weltanschauung dreht. Einerseits mein eigenes Gehirn als der Ort, wo all mein Wissen zusammenkommt, um dann – um ein paar Gedanken bereichert – zu diesem Text zu werden. Andererseits das Gehirn im Allgemeinen, jenes Stück komplex organisierter Materie, das, als kleiner Teil der Welt, die ganze Welt in sich spiegelt, bei jedem Tier anders, für jedes das Abbild seiner besonderen Welt, in der es die ihm eigenen Möglichkeiten realisieren kann.

Wozu braucht ein Tier ein Gehirn? Um auf die verschiedenen Einflüsse, die das Tier aus seiner Umgebung erreichen, auf bestmögliche Weise zu reagieren. Mechanische, chemische, elektromagnetische (z. B. Licht) „Reize" führen zu Bewegungen, chemischen Absonderungen, elektrischen Entladungen, die in der Situation, die die Reize signalisieren, dem Tier jeweils die besten Chancen bieten.

Das ist allerdings noch kein Beweis für die Notwendigkeit eines Gehirns, denn „vernünftige" Reaktionen auf solche Reize gibt es auch bei Lebewesen, die über keinerlei Gehirn verfügen. Die Wurzeln mancher Pflanzen „perzipieren" die Schwerkraft und „reagieren" darauf, indem sie nach unten wachsen. Manche Pflanzen wenden sich dem Licht zu. Winzige gehirnlose Einzeller lassen sich von gewissen im Wasser gelösten Stoffen, von Licht oder von Wärme anlocken oder auch abstoßen. Auch bei Tieren gibt es Reaktionen, die ganz ohne Gehirn ablaufen. Wo die Haut mechanisch stark belastet ist, auf den Fußsohlen z. B. oder links unter dem Kinn beim Geiger, bilden sich Schwielen. Menschenhaut wird gebräunt, das heißt sie reichert Pigment an, wenn sie von Sonnenstrahlung getroffen wird, um sich dagegen zu schützen.

Wozu das Gehirn gut ist, erkennen wir, wenn wir seine wichtigsten Eigenschaften betrachten. Eine Vorbemerkung: Wenn ich hier und im Folgenden vom „Gehirn" spreche, meine ich vereinfachend das gesamte Nervengewebe: bei Wirbeltieren Großhirn, Kleinhirn, Hirnstamm, Rückenmark zusammen mit dem peripheren Nervensystem, bei Würmern und Gliedertieren die ganze Kette ihrer sogenannten Ganglien mit den angeschlossenen Nerven, bei einer Qualle ein lockeres Geflecht von Nervenzellen.

## Gehirne sind faserig

Das Nervengewebe erscheint zunächst als ein unentwirrbares Durcheinander von Fasern. *Durcheinander* ist das Merkmal, durch das sich Gehirne von anderen faserigen Geweben, zum Beispiel von Muskeln und Sehnen, unterscheiden. Während die parallel angeordneten Fasern eines Muskels oder einer Sehne alle ungefähr die gleiche Funktion haben, nämlich in einer Richtung zu ziehen oder gezogen zu werden, deutet das viel kompliziertere Geflecht der Nervenfasern auf ein weitaus raffinierteres Zusammenspiel hin.

Eine faserige Struktur, zum Beispiel das Telephonnetz einer Stadt, hat zur Folge, dass Orte, die im Raum weit auseinander liegen, durch ihre telephonische Verbindung sozusagen zu Nachbarn werden, während unter Umständen räumlich benachbarte Orte, wie zwei Wohnungen im selben Haus, die nicht an das Telephonnetz angeschlossen sind, telephonisch gesprochen unendlich weit voneinander entfernt sind. Bei einem solchen Netzwerk ist der Abstand zwischen zwei Punkten nicht mehr, wie sonst, die kürzeste geradlinige Verbindung, sondern die Länge des Weges, über den man über möglichst wenige Zwischenstationen von einem zum anderen gelangt. Die Verbindungsstruktur in einem Fasernetz ist frei von den geometrischen Gesetzen, die in einem homogenen 3-dimensionalen Medium die Nachbarschaftsverhältnisse und Abstände bestimmen.

Das Gesagte trifft allerdings nur zu, wenn die Beziehungen, die verschiedene Orte im Fasernetz miteinander haben, tatsächlich durch die Fasern vermittelt werden, und zwar in ihrer Längsrichtung, von einem Ende zum anderen. Bei einem Telephonnetz ist das so: Auch wo die Fasern (Drähte) in dicken Zöpfen nebeneinander her oder quer zu einander verlaufen, ist durch geeignete Isolierung dafür gesorgt, dass die Signale in einem Draht unterwegs nicht auf die daneben liegenden Drähte überspringen. In den Gehirnen gilt dasselbe Prinzip. Um das zu verstehen, müssen wir auf die Eigenschaften der *Neuronen*, der Elemente der Signalübertragung im Gehirn, eingehen.

### Nervenzellen (Neuronen)

Ein menschliches Gehirn enthält einige zehntausend Millionen Nervenzellen, ungefähr so viele, wie es heute Menschen auf der Erde gibt. Im Gehirn einer Maus beträgt ihre Zahl wenig mehr als ein Tausendstel davon, im Kopf einer Fliege sind es immerhin noch einige Hunderttausend.

Es ist erstaunlich, wie ähnlich die Nervenzellen oder Neuronen in den Gehirnen der verschiedenen Tiere (vom Mensch bis zum Tintenfisch bis zum Floh) aussehen und wie verschieden sie andererseits von allen übrigen Zellen des Körpers sind. Die meisten anderen Zellen sind kugelige oder stäbchenförmige Gebilde, die eng gepackt in zwei- oder dreidimensionalen Geweben angeordnet sind oder auch locker in einer Flüssigkeit herumschwimmen.

**Nervenzellen sind sternförmig** Sie haben einen Zellkörper, der den Zellkern und wenig anderes enthält und von dem mehrere dünne, meist verzweigte Fortsätze ausgehen. Die Länge dieser faserförmigen Fortsätze variiert zwischen wenigen Hundertstel Millimeter und mehr als einem Meter. Auf jeden Fall sind sie im Durchschnitt viel länger als der durchschnittliche Abstand zwischen benachbarten Neuronen im Gewebe, was dazu führt, dass Neuronen mit ihren faserigen Fortsätzen ineinander verschränkt sind und zusammen ein dichtes Geflecht bilden. Das gesamte Volumen dieses Geflechts ist um ein Vielfaches größer als das aller Nervenzellkörper zusammengenommen. Die Gesamtlänge aller Fasern, die Summe ihrer einzelnen Längen, ist unvorstellbar groß. Sie beträgt in einem Kubikmillimeter Nervengewebe (in einem stecknadelkopfgroßen Würfelchen) einige Kilometer Fasern, woraus sich für ein einziges Menschenhirn eine Gesamtlänge von einigen Millionen Kilometer errechnet, also soviel wie die Strecke von der Erde bis zum Mond und zurück und noch ein gutes Stück mehr.

Wenn man genauer hinsieht, entdeckt man, dass es zweierlei Sorten von Fasern gibt, im Fachjargon *Dendriten* und *Axone*. Sie unterscheiden sich schon allein dadurch, dass aus jeder Nervenzelle nur ein einziges Axon entspringt, aber mehrere Dendriten (bis zu zehn und bei manchen auch mehr). Fast immer sind Axone länger als Dendriten, reichen also viel weiter im Geflecht als diese. Die wichtigsten Unterschiede zwischen den zwei Sorten von Fasern zeigen sich aber in der Weise, wie sie Signale übertragen.

**Signalleitung auf Axonen** Das physikalisch-chemische Geschehen, das einem *Signal* im Nervengewebe zugrunde liegt, ist recht kompliziert, genauestens untersucht und auch weitgehend verstanden, aber für die Art der Beschreibung, die ich mir hier vorgenommen habe, im Detail nicht relevant. Nur so viel: Die entscheidenden Phänomene spielen sich an der Oberfläche des Neurons ab, auf der sogenannten *Nervenzellmembran*, einem dünnen Häutchen, das das Axon röhrchenförmig umgibt und normalerweise elektrisch geladen ist, innen negativ und außen positiv. (Grund dafür ist die Verteilung verschiedener Ionen im Inneren und in der Umgebung des Neurons.) Wenn gewisse chemische oder elektrische Reize an einer Stelle auf das Axon treffen, bricht die Ladung zusammen und geht kurzfristig (eine Millisekunde lang) sogar in eine entgegengesetzte Ladung über, innen positiv und außen negativ. Diese stürmische, auf kleinen Raum beschränkte Störung in der elektrischen Ladung der Nervenzellmembran erzeugt in den benachbarten Membranstücken desselben Axons ein elektrisches Ungleichgewicht, das dort denselben stürmischen Vorgang auslöst und so weiter bis zum Ende des Axons. Das Phänomen, *Aktionspotential* oder meistens englisch *spike* genannt, lässt sich mit elektrischen Sonden (isolierten, ins Gewebe eingestochenen Nadeln oder *Mikroelektroden*) leicht beobachten und ist die Grundlage von fast allem, was die *Elektrophysiologie* im letzten halben Jahrhundert an Detailwissen über Gehirnfunktionen zutage gefördert hat.

Das Phänomen *Spike auf dem Axon* lädt zu allgemeineren Spekulationen ein:

Erstens, der Spike ist ein Signal, das entweder mit voller Stärke auftritt oder gar nicht. Man erkennt darin ein Prinzip, das auch bei den sogenannten digitalen

Computern gilt, nämlich die Codierung der Informationen in einem *binären Code*, bei dem nur zwei Zustände als Zeichen gelten. Beim Computer sind dies das Auftreten oder das Fehlen einer elektrischen Spannung, meist als 1 und 0 bezeichnet, beim Axon der Spike beziehungsweise der Ruhezustand. Das hat zur Deutung von Nervennetzen als digitale Rechenanlagen geführt, deren Funktion in der Sprache der „binären Logik" beschrieben werden kann. Darüber mehr im nächsten Kapitel.

Zweitens unterscheidet die Signalleitung im Nervensystem sich ganz wesentlich von anderen Arten der Signalausbreitung, z.B. von Schall in der Luft oder von elektrischen Signalen in einem Draht, und zwar durch die Tatsache, dass ein Spike, wenn er an einem Axon einmal ausgelöst ist, ohne Abschwächung bis zum Ende des Axons weiterläuft und auch bei verzweigten Axonen sich in voller Stärke in alle Verzweigungen fortpflanzt. Andere Signale verlieren unterwegs einen Teil ihrer Kraft, je weiter sie wandern, desto mehr, aus verschiedenen wohlbekannten Gründen (z.B. weil sie das Medium, in dem sie sich fortpflanzen, erwärmen). Anders der Spike auf dem Axon, der Schritt für Schritt durch die in der elektrischen Ladung der Membran gespeicherte Energie verstärkt,

sozusagen verjüngt wird und so in voller Frische ankommt. Vergleichbar ist diese Art der Signalübertragung mit einem Lauffeuer im dürren Gras oder mit
dem Abbrennen einer Zündschnur, bei der die Energie
für das Signal (d. h. für das Feuer) im Schießpulver
gespeichert ist und nicht vom Signal mitgeführt werden muss. Deshalb kann ein geschickter Kannonier
eine Lunte mehrfach verzweigen und hat trotzdem
die Gewissheit, dass das Feuer, wundersam vermehrt,
überall unvermindert ankommt. Voraussetzung für
die, wie man so schön sagt, *dekrementlose* Leitung
des Spikes auf dem Axon ist, dass die elektrische Ladung der Nervenzellmembran, also die für den Spike
nötige Energie (sozusagen das Pulver auf der Zündschnur) stets zur Verfügung steht. In der Tat, nachdem die elektrische Ladung auf der Membran durch
einen Spike verbraucht ist, wird sie rasch wieder
aufgebaut, aber wie das genau geschieht, gehört zu
der Biophysik, die ich dem Leser ersparen wollte. Die
Wiederherstellung der Ladung auf dem Axon nimmt
wenige Millisekunden in Anspruch, sodass ein Axon,
wenn es stark gereizt wird, bis zu einigen hundert Mal
in der Sekunde einen Spike „feuern" kann.
Zur Vervollständigung des Bildes: Die Geschwindigkeit, mit der sich Spikes auf dem Axon fortpflanzen,

variiert zwischen einem halben Meter und über hundert Meter pro Sekunde (zwischen der Geschwindigkeit eines Begräbniszugs und der eines Flugzeugs), in Abhängigkeit von der Faserdicke: je dicker, desto schneller. Auch erhöht sich die Leitungsgeschwindigkeit, wenn das Axon von einer fettigen, elektrisch isolierenden Hülle (*Markscheide, Myelin*) umgeben ist, was nicht bei allen Axonen der Fall ist. Die Leitungsgeschwindigkei ist auch bei den schnellsten Fasern knapp halb so groß wie die Geschwindigkeit des Schalls in der Luft und sehr viel kleiner als die Geschwindigkeit von elektrischen Signalen auf einem Draht, aber offenbar doch schnell genug für die Bedürfnisse des Gehirns. Immerhin braucht ein Spike, der sich 10 cm weit von einem Winkel des Gehirns zum anderen entlang einer dicken Faser bewegt, kaum eine Millisekunde.

Ein Gedanke zur Zündschnur-artigen Spikeleitung auf den Axonen: Wer immer ein funktionierendes Netzwerk aus reichverzweigten Axonen konstruieren wollte, hat eine Sorge nicht, die einen anderen plagt, der dafür nur elektrische Leitungen zur Verfügung hätte, wie in einem Telephonnetz oder einem Computer. Wie gesagt, wo sich ein Draht verzweigt, müssen sich die beiden Signale nach der Verzweigung die

Energie des ursprünglichen Signals teilen, und wenn das mehrmals geschieht, bleibt zum Schluss nicht mehr viel übrig. Das beschränkt die Freiheit des Draht-Ingenieurs sehr in der Wahl seiner Entwürfe. Hingegen kann der Axon-Ingenieur (wie der Sprengmeister mit der Lunte) seine Verbindungen sich beliebig verzweigen lassen, gerade wie es sein Schaltplan verlangt, ohne dass die Stärke der Signale darunter leidet. Er kann die Logik des Netzwerks ganz unabhängig von energetischen Überlegungen entwerfen. Den Nachschub von Energie überlässt er ganz der (bereits angesprochenen, aber hier nicht weiter ausgeführten) Biophysik der Nervenzellmembran. Das ist einer der Vorteile, die das lebendige Gehirn gegenüber seiner künstlichen elektronischen Konkurrenz hat.

**Signalleitung auf Dendriten**   Wodurch wird im Gehirn normalerweise ein Spike ausgelöst, der sich dann wie beschrieben entlang dem Axon fortpflanzt? Und wo entsteht der Spike? Der Spike entsteht und beginnt seine Reise an der Stelle, wo das Axon (man erinnert sich, immer nur eines) aus dem Zellkörper entspringt, also im Zentrum des sternförmigen Gebildes, das ein Neuron mit allen seinen Zellfortsätzen ausmacht. Die anderen Fortsätze sind Dendriten. Auch sie leiten Signale, aber auf ganz andere Weise als das Axon. Auf den Dendriten entsteht, wenn sie gereizt werden, nicht der stürmische Vorgang, den wir Spike genannt haben. Zwar sind auch sie von einer elektrisch geladenen Membran umgeben, doch wenn die Ladung der Dendritenmembran durch irgendwelche äußeren Einflüsse erhöht oder erniedrigt wird, reagiert sie ganz passiv, indem die Störung, unterwegs sich abflachend, ein Stück weitergeleitet wird und dann verebbt. Man denke in diesem Fall nicht an das Feuer auf einer Zündschnur, sondern eher an einen Metallstab, der an einer Stelle erhitzt wurde, wobei die Wärme, immer schwächer werdend, entlang dem Stab weitergeleitet wird, bis sich das Ganze letztlich wieder abkühlt.

Die Störung der elektrischen Ladung auf einem Dendriten pflanzt sich, wenn sie stark genug ist, bis zum Nervenzellkörper fort, aus dem der Dendrit entspringt, summiert sich dort zu den eventuell von anderen Dendriten desselben Neurons ankommenden Störungen und gelangt bis zu dem Anfangsstück des dazugehörigen Axons. Wenn die Summe der dort ankommenden Störungen ein gewisses kritisches Maß erreicht und wenn sie in die richtige Richtung geht (d. h. die im Ruhestand dort herrschende Ladung verringert, nicht erhöht), so wird im Anfangsstück des Axons ein Spike ausgelöst.

Wer gerne bastelt, kann sich für das bisher Gesagte ein anschauliches Modell fabrizieren. Er soll sich ein sternförmiges Gebilde aus etwa 1 mm dickem Eisendraht verschaffen, mit 10 Strahlen, die in alle Richtungen etwa 10 cm weit von einem Zentrum ausgehen (das entspricht ungefähr dem Dendritenbaum eines durchschnittlichen Neurons bei tausendfacher Vergrößerung). An den Mittelpunkt des Sterns soll er eine Lunte (= das Axon) anheften. Wenn er jetzt mit einer brennenden Kerze an verschiedenen Stellen die Strahlen des Sterns zum Glühen bringt, so wird sich die Wärme zum Zentrum hin ausbreiten und, wenn sie dazu ausreicht, die Lunte entzünden.

**Signalübertragung vom Axon auf den Dendriten: Synapsen.** Wie entsteht aber die Störung des elektrischen Gleichgewichtes auf den Dendriten, die, zum Axon desselben Neurons weitergeleitet, dort einen Spike auslöst? Sie ist die Folge von Signalen, die bei den Dendriten eines Neurons über die *Axone anderer Neuronen* ankommen. Die Signalübertragung von einem Neuron zum anderen geschieht an bestimmten Stellen, den sogenannten *Synapsen*, an denen die Membran des Axons mit der des Dendriten sozusagen verlötet ist und beide ganz besondere Eigenschaften haben.

Um bei unserem Modell zu bleiben: Wir basteln mehrere solche Modellneuronen und verknüpfen die Lunten (= Axone), die von einigen von ihnen ausgehen, mit den Strahlen (=Dendriten) eines anderen. Es braucht jetzt keine Kerzenflamme mehr, um die Drähte zum Glühen zu bringen, dafür sorgen die Flammen, die über die Lunten ankommen. In einem Netzwerk von solchen Modell-Neuronen kann man sich ein kompliziertes Wechselspiel von Wärmeleitung auf den Drähten und explosivem Abbrennen der Lunten vorstellen, ganz wie das Wechselspiel von Erregungsleitung auf den Dendriten und Spikes auf den Axonen.

In einem wichtigen Punkt bleibt unser Modell aber hinter der Wirklichkeit zurück. Die Wirkung eines Neurons auf ein anderes ist im Modell nur von einer Art, nämlich Übertragung von Wärme, während man bei den wirklichen Neuronen im Gehirn verschiedene Arten der Beeinflussung über verschiedene Arten von *Synapsen* unterscheidet.

Es gibt zwei Sorten von Synapsen, *elektrische* und *chemische*, und von letzteren wiederum zwei mit entgegengesetzter Wirkung, *erregende* und *hemmende*. Die elektrischen sind ein Sonderfall, bei ihnen ergibt sich die Störung auf dem Dendriten aus der unmittelbaren Wirkung von Strömen und elektrischen Feldern, die vom Axon ausgehen. Die übergroße Mehrheit der Synapsen im Gehirn sind chemische Synapsen, bei denen die Wirkung auf den Dendriten durch bestimmte Substanzen (*Transmitter*) erfolgt, die bei der Ankunft eines Spikes vom Axon an der Synapse ausgeschwitzt werden.

Es gibt im Gehirn (besser gesagt, in den Gehirnen aller Tiere) viele verschiedene Transmittersubstanzen, aber die allermeisten Synapsen des Menschenhirns verwenden nur jeweils einen von zwei Transmittern, und zwar einen, der die elektrische Ladung der Dendritenmembran (das *Membranpotenzial*) verringert und einen, der sie erhöht. Die eine Sorte von Transmittern nennt man *erregend* (gelehrt: *exzitatorisch*), weil das verringerte Membranpotenzial an der Wurzel des Axons einen Spike auslösen kann. Der andere, der die Ladung auf der Membran erhöht, wirkt der Auslösung eines Spikes entgegen, ist also *hemmend* (*inhibitorisch*).

Damit ist der Kreis geschlossen. Die Dendriten eines Neurons leiten Erregung gemischt mit Hemmung an das Axon desselben Neurons weiter. Wenn die Erregung überwiegt, feuert das Axon einen Spike, der sich bis in alle seine Verzweigungen fortpflanzt. Über seine

Synapsen beeinflusst das (vielfach verzweigte) Axon eines Neurons, wenn es feuert, die Dendriten einer großen Zahl von anderen Neuronen, die dann unter Umständen wieder einen Spike über ihr Axon aussenden, usw.

**Zusätzliche Fakten** Ein Neuron ist entweder exzitatorisch oder inhibitorisch. Es scheint nicht vorzukommen, dass ein und dasselbe Axon sowohl über erregende als auch über hemmende Synapsen auf die nachgeschalteten Dendriten wirkt. Umgekehrt scheint jeder Dendrit von den vielen Axonen verschiedener Neuronen, mit denen er in Berührung kommt, sowohl erregende als auch hemmende Synapsen zu empfangen.

Von besonderer Wichtigkeit: Viele Synapsen sind *plastisch*, d.h die Stärke der Signale, die sie übermitteln, kann sich mit der Zeit ändern, je nachdem, was sie vorher erlebt haben. Zum Beispiel kann eine Synapse Signale umso leichter durchlassen, je öfter die beiden Neuronen, die sie verbindet, vorher gleichzeitig einen Spike produziert haben. Auf diese Weise lässt sich das Phänomen, das wir als *Gedächtnis* kennen, ganz natürlich erklären.

## Neuroanatomie

Sehr viel mehr als das bisher Gesagte haben Gehirntheoretiker nicht im Kopf, wenn sie Theorien der Gehirnfunktion (der sogenannten *neuronalen Netze*) entwerfen. Was aber außerdem entscheidende Bedeutung hat, ist die Geometrie der Anordnung der Neuronen im Nervengewebe. Sie ist in verschiedenen Teilen des Gehirns und in den Gehirnen verschiedener Tiere deutlich verschieden. Hier laufe ich Gefahr, mich im Detail zu verlieren, da ich mich viele Jahre lang mit diesem Thema beschäftigt habe. Ich will mich auf einige wenige skizzenhafte Aussagen beschränken.

Man unterscheidet von alters her in den Gehirnen größerer Tiere die *weiße Substanz* von der *grauen Substanz*, beide ungefähr gleich mächtig. Die weiße Substanz besteht nur aus langen Axonen, die, in Bündeln angeordnet, entfernte Orte des Gehirns miteinander verbinden. In ihr gibt es keine Dendriten und deshalb auch keine Synapsen. Die graue Substanz hingegen ist ein Geflecht von Dendriten und kürzeren Axonen (inklusive die Endverzweigungen der langen Axone, die durch die weiße Substanz verlaufen). Auch die Nervenzellkörper sind in der grauen Substanz eingebettet. Vor allem aber gibt es dort eine Unmenge von Synapsen, etwa zehntausend Mal mehr als Neuronen. Im Folgenden geht es um die Struktur der grauen Substanz, in der ja die Bedingungen für die gegenseitige Beeinflussung der Neuronen (über die *Synapsen)* gegeben sind.

**Ordnung und Unordnung** Es gibt Stücke von Gehirngewebe, in denen die Verbindungen zwischen den Neuronen weitgehend vom Zufall bestimmt sind. In der *Gehirnrinde* zum Beispiel erkennt man keinen Grund, warum die Dendriten eines Neurons von einigen tausend Axonen anderer Neuronen je eine Synapse empfangen, aber nicht von den hunderttausend und noch mehr anderen Neuronen, deren Axone ebenfalls denselben Dendritenbaum durchkreuzen. Umgekehrt verbinden sich dort auch die Axone ziemlich wahllos mit den Dendriten, an denen sie vorbeikommen. Hier scheint der Zufall zum Prinzip erhoben zu sein.

Ganz anders sind einige Nervennetze im Sehsystem der *Insekten* gebaut. Dort gibt es Vernetzungen von Axonen, bei denen jedes Axon einen ganz bestimmten Ursprung und eine ganz bestimmte Adresse hat, genau nach einem Schema, das man sehr wohl versteht (und erklären kann) und das komplizierte Überkreuzungen vorsieht und offenbar keine Ausnahme duldet.

In den meisten Fällen findet man aber im Nervengewebe einen Zustand zwischen der *totalen Regellosigkeit* und der *strengen Ordnung aller Elemente*. Zum Beispiel sind Neuronen verschiedener Art oft in Schichten angeordnet, mit Verbindungen innerhalb jeder Schicht und anderen Verbindungen quer dazu von Schicht zu Schicht (Beispiele: *Großhirnrinde, Kleinhirnrinde, Sehhirn des Octopus etc.*). Dadurch ist die Wahrscheinlichkeit schon vorgegeben, mit der ein Neuron ein anderes mehr oder weniger entferntes in derselben oder in einer anderen Schicht kontaktiert, auch wenn die Entstehung der einzelnen Synapsen letztlich dem Zufall überlassen ist.

Man kann verschiedene *Neuronentypen* nach der Form ihrer dendritischen und axonalen Verzweigungen unterscheiden. Manche haben relativ wenige, lange Dendriten, bei anderen bilden die Dendriten ein kurzes buschiges Geäst. Die Dendritenbäume benachbarter Neuronen sind meist eng ineinander verschränkt, doch stehen sie in einigen Fällen (*Purkinjezellen des Kleinhirns*) streng getrennt nebeneinander. Die Dendritenbäume der Purkinjezellen sind flach wie Spalierbäume, bei anderen Nuronentypen gleichen sie eher einer Eiche oder einer Fichte.

Das Geäst der axonalen Verzweigungen ist mindestens ebenso variabel wie das der Dendriten. Die Axone der *Körnerzellen des Kleinhirns* haben nur zwei lange, gerade, unverzweigte Äste, andere Axone haben mehrere kurze Zweige, die wie die Klauen eines Greifvogels aussehen (*Korbzellen*) und wieder andere versorgen ein großes Gebiet mit unzähligen Verästelungen.

Es leuchtet ein, dass die Umrisse der einzelnen Dendriten- und Axonenbäume im dichten Nervengeflecht bereits bestimmen, welches Neuron mit welchen anderen in synaptische Verbindung treten kann, denn wenn ein bestimmter Axonbaum mit einem bestimmten Dendritenbaum nicht überlappt, kann es dort zwischen den beiden keine Synapse geben.

Wenn man jetzt noch im Mikroskop erkennen könnte, welche Neuronen erregend und welche hemmend sind – und das erkennt man – und wie stark die Synapsen sind (das ist schwieriger), so könnte man aus der genauen Untersuchung des Nervengewebes ablesen, welche Art von Informationsverarbeitung dort stattfindet. Im Prinzip könnte man dann ein Geflecht von elektronischen „Neuronen" bauen, die genauso miteinander verbunden sind wie ihre Vorbilder im Gehirn. Die Schwierigkeiten sind technischer Art und hängen mit der großen Komplexität des Nervengewebes zusammen. Sie sind aber auch begrifflicher Art. Angenommen, man könnte einen riesigen Schirm mit zehn Millionen Lämpchen bauen, von denen jedes aufleuchtet, wenn das ihm zugeordnete „Neuron" einen Spike produziert. Man hätte dann Einblick in ein kleines Stück Hirngewebe, nicht größer als ein Quadratzentimeter der menschlichen Gehirnrinde (diese ist insgesamt etwa tausend Mal größer). Aber man würde vor diesem wirren Geflimmer ebenso ratlos stehen wie vor dem Original und müsste sich vereinfachende Fragestellungen überlegen, um überhaupt weiterzukommen. Solche Fragen kann man allerdings schon jetzt in Angriff nehmen, ohne auf die endgültige, komplette Analyse eines Gehirns zu warten.

### Bedeutung von Gehirnstrukturen: Abbildungen

**Die Welt im Hirn**   In Gehirnen ist die Welt abgebildet. Alle Sinnesorgane empfangen sogenannte „Reize" aus der Umwelt (und zum Teil aus dem eigenen Körper) – mechanische Kräfte, akustische Schwingungen, Temperatur, Licht, chemische Reize –, verwandeln sie in neuronale Signale (Spikes) und leiten diese an das Gehirn weiter. Dort gehen sie in das komplexe Wechselspiel der Spikes in den großen Nervennetzen ein. Somit ist der jeweilige Funktionszustand des Gehirns eine Abbildung der Welt soweit sie von den Sinnesorganen erfasst wird.

**Verschiedene Welten**  Augen, Ohren, Nasen, mechanische Rezeptoren sind bei verschiedenen Tierarten sehr verschieden gebaut. Raubvögel können ferne Gegenstände wie durch ein Teleskop erkennen, Tauben sehen dafür rund herum. Hunde erkennen einzelne Menschen am Geruch, doch für den Menschen riechen alle Hunde ziemlich gleich. Manche Tiere hören Ultraschall oder sehen Ultraviolett, wo wir Menschen taub bzw. blind sind. So ist die Welt, die im Gehirn abgebildet ist, von vornherein bereits durch die Lage der Fenster bestimmt, durch die das Gehirn mit der Welt kommuniziert. Jedes Tier lebt in seiner besonderen Welt.

**Projektion: Vorwissen**  An verschiedenen Stellen des Gehirns wird ein Sinnesraum, zum Beispiel der zweidimensionale Sehraum oder der eindimensionale Raum der akustischen Tonhöhen, regelrecht abgebildet, auf einer zweidimensionalen Fläche der eine, auf einem eindimensionalen Streifen der andere. So ist im Gehirn ein Wissen über die Zusammenhänge in der Welt schon eingebaut, noch ehe es seine eigenen Erfahrungen macht. Ein Gegenstand, der sich im Raum bewegt, erzeugt auf der Retina im Auge eine kontinuierliche Spur, und diese wird im Gehirn als eine kontinuierlich sich bewegende Erregung abgebildet. Auch der Tastsinn in unserer Haut erreicht das Gehirn in einer Darstellung, in der die zweidimensionale Ordnung der Körperoberfläche erhalten ist. Das macht es dem Gehirn leicht, zwischen einer Laus, die über die Haut krabbelt, und einem Floh, der hüpft, zwischen kontinuierlicher und sprunghafter Bewegung zu unterscheiden. Und es macht es dem Hirnforscher leicht, einem Philosophen, der über die *a priori* „Anschauung" des Raums philosophiert, auf diese dem Gehirn innewohnende, *angeborene räumliche Ordnung* hinzuweisen.

Nicht nur bei der Projektion der Sinnesräume auf das Gehirn wird die geometrische Ordnung erhalten. Auch bei manchen Faserbündeln, die verschieden Gehirnteile miteinander verbinden, herrscht eine geometrische Ordnung, deren Sinn in vielen Fällen nur dürftig verstanden ist. Und natürlich auch bei der Projektion des Gehirns auf das motorische System, das ja den wichtigsten Ausgang darstellt. Die verschiedenen Muskelgruppen, die zum Teil miteinander, zum Teil gegeneinander Körperhaltung und Bewegungen bewirken, sind in verschiedenen Teilen des

Gehirns säuberlich getrennt abgebildet und werden von dort aus zu einem harmonischen Zusammenspiel aufgerufen.

### Bedeutung von Gehirnstrukturen: Verrechnungsmuster

Ohne Zweifel werden die Erregungsmuster, die das Gehirn erreichen, an verschiedenen Stellen auf sehr verschiedene Weise verarbeitet, verrechnet, weitergeleitet, gespeichert, wie man aus den sehr verschiedenen *Bautypen der grauen Substanz* in verschiedenen Teilen des Gehirns erkennen kann.

**Nervengewebe ohne Vorzugsrichtungen** Es gibt Gehirnteile, in denen jedes Neuron rundherum von ähnlichen Neuronen umgeben ist, ohne dass ihre Anordnung oder ihre Verbindungen irgendeine Vorzugsrichtung und auch keine andere Ordnung erkennen ließen, außer der, die sich durch die beschränkte Länge der Dendriten und Axone ergibt.

Vom *flachen, geschichteten Nervengewebe* in den sogenannten *Cortices* war schon die Rede. So ein Cortex ist zwar nur ein paar Millimeter oder gar weniger als einen Millimeter dick, seine Flächenausdehnung kann aber viel größer sein als der Durchmesser des Schädels, sodass er nur hineinpasst, wenn er wie ein Taschentuch in der Hosentasche zusammengeknittert ist. Die Kleinhirnrinde des Menschen ist über zwei Meter lang, wenn man sie sich entfaltet vorstellt. Offenbar gibt es Zusammenhänge in der Welt, die das Gehirn am besten erkennt, wenn sie auf einer zweidimensionalen Ebene dargestellt sind. Andernfalls wäre es ja für das Gehirn einfacher, seine vielen Neuronen in knolligen Gebilden unterzubringen, bei denen die Verbindungen zwischen den Neuronen möglichst kurz gehalten werden könnten.

**Lokale und globale Verbindungen**  Die verschiedenen Cortices unterscheiden sich auch nach der Länge der Verbindungen innerhalb der Ebene ihrer größten Ausdehnung. So ist im Cortex des Kleinhirns keine Faser länger als wenige Millimeter in jeder Richtung, sodass sich die Neuronen dort nur innerhalb eines sehr kleinen Gebiets (verglichen mit der riesigen Flächenausdehnung der Kleinhirnrinde) miteinander verständigen können. Es geht dort offenbar um Zusammenhänge, die sich im Zusammenspiel von benachbarten Elementen offenbaren. Nicht umsonst denkt man bei der Funktion des Kleinhirns an das Erkennen und Steuern von Bewegungen, die ja kontinuierlich in Raum und Zeit von Punkt zu Punkt fortschreiten.

Ganz anders sind die Verbindungen in der Großhirnrinde. Dort gibt es Fasern jeglicher Länge, von den kürzesten zwischen benachbarten Neuronen bis zu den längsten, die (größtenteils in der weißen Substanz verlaufend) die entferntesten Stellen des Cortex miteinander verbinden. Hier ist jede Stelle des Nervengewebes über den Zustand jeder anderen Stelle direkt oder über wenige Zwischenschritte informiert: alles hängt von allem ab. Ganz wie in unserem Geistesleben, wo jeder Gedanke, auch der bescheidenste, die Spuren aller anderen Erlebnisse, der gegenwärtigen und der vergangenen, in sich trägt.

**Geometrie der Verbindungen** Verschiedene Anordnungen der Fasern innerhalb eines Nervengewebes lassen Schlüsse über verschiedene Arten von Informationsverarbeitung zu. Im größten Teil der Großhirnrinde verlaufen gleich viele Fasern in jeder Richtung der Ebene des Cortex. Es gibt aber auch, in einem besonderen Bereich des Cortex (dem sogenannten *Hippocampus*), Faserpopulationen, die nur in einer Richtung verlaufen. Im Cortex des Kleinhirns sind die zwei mächtigsten Faserpopulationen senkrecht zueinander angeordnet, die eine entlang der Links-rechts-Achse, die andere entlang der Vorne-hinten-Achse, jeweils in beiden entgegengesetzten Richtungen.

**Erregung und Hemmung**   In den meisten Gehirnteilen sind die hemmenden Neuronen diffus in eine Mehrheit von erregenden Neuronen eingestreut. Es sieht so aus, als ob ihre Aufgabe ähnlich der der Stadtpolizei wäre, nämlich an den Orten, wo viel Erregung entsteht, diese zu dämpfen. An manchen Stellen scheint aber die Hemmung auf intelligentere Weise in das Geschehen einzugreifen, zum Beispiel im Kleinhirn, wo die hemmenden Fasern in der Vorne-hinten-(oder umgekehrt) Richtung verlaufen, die erregenden Fasern senkrecht dazu.

Meditation über Gehirnanatomie

Unsereiner, d. h. einer, der wie ich viel Zeit (in meinem Fall mindestens 10.000 Stunden) am Mikroskop zugebracht hat, um dünne Hirnschnitte von oben bis unten und kreuz und quer bei hundert- bis hunderttausendfacher Vergrößerung zu betrachten, hat dabei ähnlich viel Vergnügen empfunden wie ein anderer, der gleichviel Zeit auf Weltreisen zugebracht hat. Das Vergnügen entsteht einerseits durch die Vielfalt der sehr detailreichen und auch ästhetisch ansprechenden Bilder, andererseits freut man sich immer wieder, Regelmäßigkeiten zu entdecken und über sie und die Bedeutung ihrer örtlichen Verschiedenheit zu sinnieren. Das gilt für beide, für den Hirnforscher wie für den Weltreisenden.

Tatsächlich ist die Betrachtung von Gehirnschnitten im Mikroskop eine Weltreise besonderer Art. Dass die Struktur des Gehirns eine Abbildung der Welt ist, habe ich schon gesagt. Sie ist es im gleichen Sinn, in dem der Körper eines Lebewesens Abbildung der „biologischen Nische" ist, an die ihn die Evolution angepasst hat. Freilich sieht das Gehirn nicht wie die Welt aus, für die es gemacht ist. Und doch ist jedes Faserbündel im Gehirn, jedes Verbindungsmuster der Neuronen in der grauen Substanz letzlich zurückzuführen auf irgendeine Eigenart der Welt, in der das Tier (der Mensch) durch bestmögliches Verhalten zu überleben und sich fortzupflanzen vermag.

Um das wirklich zu verstehen, müssen wir vermutlich sehr viel mehr ins Detail gehendes Wissen über „Verschaltungsmuster" im Gehirn sammeln. Sicher werden uns auch die Techniker zu Hilfe kommen, die mit ihren elektronischen Maschinen immer näher an die Komplexität tierischen Verhaltens herankommen und uns Hinweise geben werden, wie ein Nervennetz, das etwas ganz Bestimmtes kann (zum Beispiel als Gibbon in Baumkronen herumzuspringen) aussehen

142

muss. Ein paar Gedanken, die in diese Richtung gehen, kann man jetzt schon skizzieren.

**Dendritenfelder und Statistik**  Das Geäst der Dendriten eines Neurons empfängt Erregung aus dem ganzen Gebiet seiner Ausbreitung, summiert sie auf und leitet sie zum Axon weiter. Dadurch sind die einzelnen Orte, an denen die Erregung auf den Dendriten traf, vergessen: Es zählt nur ihr statistischer Durchschnitt (wenn auch die Erregung an der Wurzel des Dendriten vermutlich mehr zählt als die an der Dendritenspitzen). Jeder Dendritenbaum errechnet die mittlere Erregung auf seinem Gebiet, wobei benachbarte Dendritenbäume meist stark überlappende Gebiete besetzen. Im Sehsystem ist uns das Phänomen bekannt: Wenn auf einer gepunkteten Tapete irgendwo eine Fliege als zusätzlicher Punkt sitzt, entdecken wir sofort die erhöhte Dichte der Punkte, auch wenn die Fliege an sich gar nicht ins Auge fällt. So ist also das allmächtige Prinzip der statistischen Analyse schon auf dieser elementaren Ebene in der Gestalt der Neuronen enthalten.

**Nahverbindungen und Bewegung**  In einem Geflecht von Neuronen, in dem jedes Neuron, wenn es erregt wird, eine unterschwellige Erregung an seine unmittelbaren Nachbarn weiterleitet, wird ein bewegtes

Erregungsmuster viel stärker wirken als ein unbewegtes, weil das bewegte Muster zu jedem Zeitpunkt auf Neuronen trifft, die kurz vorher von ihren Nachbarn sozusagen vorgewarnt wurden. Das scheint ein weitverbreitetes Prinzip im Nervensystem zu sein – verständlicherweise, weil ja alles Bewegte in einer von zahllosen Lebewesen bevölkerten Welt ungleich wichtiger ist als der unbewegte Hintergrund. Im Sehsystem verschiedener Tiere sind „Bewegungsdetektoren" genauestens untersucht worden.

**Hemmende Verbindungen und Umrisse**  Ebenso weit verbreitet bei den verschiedensten Tieren und in verschiedenen Gehirnteilen (z. B. im Sehsystem der Pfeilschwanzkrabbe und im Tastsinn des Menschen) ist ein Verbindungsschema, bei dem benachbarte Neuronen einander *hemmen*. Das hat zur Folge, dass punktförmige Erregung umso deutlicher herauskommt, als die evenuelle Erregung der Nachbarschaft durch Hemmung gedämpft wird, während bei Erregung einer größeren Fläche der Effekt gering bleibt, weil die vielen erregten Neuronen einander in Schach halten. Besonders interessant ist die Auswirkung dieser Art der Verschaltung auf ein gleichförmiges Erregungsmuster mit einem scharfen Rand. Man denke zum Beispiel im Sehraum an das Bild eines einförmig getönten Gegenstands (zum Beispiel eines Wisents). Im Inneren der Gestalt wird bei ihrer Projektion auf das Gehirn die Erregung durch die gegenseitige Hemmung weitgehend abgeschwächt, während an ihrem Rand die Neuronen, die dort nur von einer Seite gehemmt werden, viel stärker aktiv werden. Mit anderen Worten, der Umriss der Gestalt wird betont, und das Gehirn empfängt so etwas wie eine Strichzeichnung des Gegenstands. Das ist eine sehr sparsame Darstellung der Form, und wir wissen seit der Zeit der steinzeitlichen Höhlenzeichnungen, wie effizient die Darstellung von Konturen (Zeichnung) die Darstellung des Gesamtbilds (Malerei) ersetzen kann. Der Umriss, der die äußere Grenze eines Gegenstands anzeigt, ist in unserem Umgang mit den Dingen von eminenter Bedeutung. Konturen sind etwas, woran man sich stoßen kann, was man anfassen kann, woran man sich anlehnen kann. In den Konturen drückt sich das aus, was man *Form* nennt. Die Betonung der Umrisse ist offensichtlich etwas, was dem vernünftigen Verhalten sehr entgegenkommt: Vorwissen über eine wichtige Eigenart der festen Gegenstände in unserer Welt.

**Kommissuren und bilaterale Symmetrie** Die allermeisten Gehirne sind bilateralsymmetrisch gebaut, das heißt, sie bestehen aus zwei spiegelbildlich zueinander angeordneten Hälften. Auch Sinnesorgane und Bewegungsorgane fügen sich dem bilateralsymmetrischen Schema. Es verwundert nicht, dass man im Gehirn Fasersysteme findet, sogenannte *Kommissuren* (beim Menschen zum Beispiel das *corpus callosum* mit seinen 200 Millionen Fasern), die symmetrische Punkte der rechten und linken Gehirnhälfte miteinander verbinden. Eine solche Kommissur ermöglicht den Vergleich zwischen Neuronenaktivitäten an den entsprechenden Orten rechts und links. Das bedeutet zum Beispiel im Sehraum bei einer Figur, die vor uns steht, die Möglichkeit, bilaterale Symmetrie ganz leicht zu erkennen. Der Sinn davon ist offensichtlich. Wenn ein Tier im Urwald eine bilateralsymmetrische Gestalt vor sich sieht, so handelt es sich höchstwahrscheinlich um das Gesicht eines anderen Tieres, von dem es fixiert wird, in freundlicher oder (öfter) in unfreundlicher Absicht. Eine solche Situation zu erkennen ist wichtig. Wenn man so will, ist in den Kommissuren im Sehsystem die *Ich-Du-Beziehung* vorgegeben: die Aufmerksamkeit, die zwei Individuen einander zuwenden (und ich bitte die Fachkollegen, mir nicht entgegenzuhalten, dass ausgerechnet in der primären Sehrinde die kommissuralen Fasern fehlen: Die figürlichen Eigenschaften werden erst in den nachgeschalteten Zentren erkannt, und dort gibt es kommissurale Verbindungen).

## Dynamik des Gehirns

Im Gehirn ist die Welt dargestellt. Nicht nur als eine Sammlung von Landkarten, auf denen man sich bewegt, nicht nur als ein Katalog von Menschen, mit denen man umgeht, und auch nicht nur als eine Rumpelkammer von Begriffen und Gegenständen, mit denen man im Leben zu rechnen hat. Eher schon als ein *Theater*, in dem die Welt gespielt wird. Die Akteure stehen für die Gegenstände, Lebewesen und Begriffe, zwischen denen sich das Drama des Lebens abspielt. Sie benehmen sich auf der Bühne des Gehirns möglichst wie die Originale in der Außenwelt, die sie darstellen. So kann das Gehirn sozusagen mit einem „Blick nach innen" feststellen, was in der Welt passiert, und kann darauf reagieren, ehe es zu spät ist. Aber wer sind diese Schauspieler, wie haben sie ihre Rollen gelernt und wo ist die Bühne, auf der sie sich bewegen? Die Antworten sind nicht weit entfernt von dem, was wir bereits wissen, und folgen daraus ganz zwanglos.

Erstens, wie sehen die Repräsentanten von Gegenständen der Außenwelt im Gehirn aus?

Über diese Frage ist in den letzten fünfzig Jahren viel diskutiert worden. Obwohl sich ein Konsens schon abzeichnet, werden gelegentlich noch extreme Positionen vertreten.

Es gibt immer noch Leute, die es lieber hätten, wenn jedes *einzelne Neuron* im Gehirn einem einzigen Ding oder Begriff entspräche, dergestalt, dass wenn das Ding auftaucht, das entsprechende Neuron aktiv wird und sonst nie. Auch die genau entgegengesetzte Meinung wird manchmal vertreten, nämlich dass die Aktivitätsmuster im Gehirn, die etwas Bestimmtes bedeuten, überhaupt *nicht lokalisierbar* sind, sondern diffus das ganze Gehirn betreffen, etwa wie die Schwingungsmuster auf einem Trommelfell, die verschieden sind, je nachdem wie man die Trommel anschlägt, und doch immer auf das ganze Trommelfell ausgedehnt. Die meisten Hirnforscher glauben weder das eine noch das andere und nehmen an, dass es Gruppen von (etwa hundert oder ein paar Tausend) Neuronen sind, die ein relevantes Ding darstellen, wobei die einzelnen Neuronen einer solchen Gruppe jeweils verschiedene Eigenschaften des Dings signalisieren, wie seine Farbe, seine Orientierung im Raum, das Gefühl, wenn man es anfasst, das Geräusch, das von ihm ausgeht etc. Man stellt sich vor, dass die zu einer Gruppe (einer sogenannten *cell assembly*) gehörenden Neuronen durch gegenseitige Synapsen stark miteinander verbunden sind, sodass die Aktivität eines Teils der Neuronen ausreicht, um die ganze *cell assembly* zu aktivieren. Das entspricht der täglichen Erfahrung, wo der Anblick des Schwanzes der Katze das Bild der ganzen Katze aufruft oder das Summen der Biene den Begriff der Biene mit allen seinen Assoziationen. Die gegenseitigen Verbindungen zwischen den Neuronen sorgen auch dafür, dass die *cell assembly*, die einen Begriff bedeutet, wenn sie einmal aktiviert wird, eine Weile aktiv bleibt, so wie ja auch ein Begriff, der uns in den Sinn kommt, nicht gleich wieder erlischt.

Zweitens, wie entstehen solche Repräsentanten von Dingen oder Begriffen im Gehirn? Offensichtlich ist das ein wesentlicher Bestandteil von dem, was man *Lernen* nennt, denn ein Neugeborener verfügt noch nicht über das Arsenal von Begriffen, das er sich später aneignen wird (bis auf einige wenige, die ihm angeboren sind, wie die Brustwarze und das Gesicht der Mutter, das Bauchweh, das Geborgensein). Der Trick, der das Gehirn zu diesem Lernen befähigt, besteht in der bereits erwähnten *Plastizität* der (großen Mehrheit der) Synapsen. Die Wirkung, die ein Neuron auf ein anderes über eine bereits bestehende Synapse ausübt, ändert sich mit der Zeit, wobei die wahrscheinlichste – und in vielen Fällen experimentell nachgewiesene – Regel die ist, dass die Synapse umso stärker wird, je öfter die beiden Neuronen gleichzeitig oder in rascher Folge aktiv waren. Das führt dazu, dass die Neuronen, die einzeln gewisse Eigenschaften eines Dings signalisieren, stärker miteinander verbunden werden, weil sie ja bei jedem Auftreten des Dings in der Außenwelt gleichzeitig aktiviert werden. *So wächst im Gehirn zusammen, was auch außen zusammengehört,* und wird zu einer *cell assembly* und zu einem *Begriff.*

Drittens, auf welcher Bühne agieren die gehirninternen Repräsentanten von Dingen und Begriffen? Mit Sicherheit ist das die Großhirnrinde mit ihren (beim Menschen) zehn Milliarden Neuronen, von denen man weiß, dass sie ein Leben lang ihre Plastizität erhalten. Sie sind durch ein überaus reiches System von kurzen und langen Fasern miteinander verbunden, sodass jedes Neuron über den Aktivitätszustand von vielen Tausenden von nahen und entfernteren Neuronen informiert ist, eine Bedingung, die man annehmen muss, wenn man die Entstehung von allen möglichen *cell assemblies* erklären will.

Es gibt viele Ereignisse in der Welt, die eine zeitliche Dimension haben: Dinge, die sich fortbewegen, sich drehen, sich vergrößern oder verkleinern, ihre Form oder ihre Farbe ändern. Auch bei den Wörtern einer Sprache ist die zeitliche Struktur entscheidend. Entsprechend muss man sich ihre gehirninternen Repräsentanten eher als Abläufe neuronaler Aktivität in Gruppen von Neuronen denken denn als synchron aktivierte *cell assemblies*. Solche zeitlich sehr präzisen Abläufe sind tatsächlich auch mit Mikroelektroden in Neuronenensembles der Großhirnrinde beobachtet worden. Auf diese sogenannten *synfire chains* werden wir noch im nächsten Kapitel zu sprechen kommen, wo es um das Denken geht.

## Gehirn und Information

Wir haben uns schon mit dem Gedanken vertraut gemacht, dass alles Lebendige fleischgewordene Information ist, und wissen, was man sich darunter vorzustellen hat. Wenn Information die Gestaltung ist, die der Evolutionsprozess dem Lebewesen mitgegeben hat, so ist das Gehirn mit seinem sehr detaillierten Bauplan sicher das Organ, das unter allen Organen des Körpers am meisten davon mitbekommen hat. Vermutlich enthält ein Menschengehirn schon bei der Geburt so viel genetische Information wie der ganze übrige Körper, wenn nicht mehr. Im Lauf des Lebens kommt dann noch die ganze durch individuelle Erfahrung erworbene Information dazu, die auch in die Gehirnstruktur eingeht.

Man kann noch in einem anderen Zusammenhang von Information im Gehirn sprechen. Das Gehirn empfängt über die Sinnesorgane Information von der Umwelt und gibt Information über die von ihm gesteuerten Körperfunktionen (speziell Muskelaktivitäten) an die Umwelt weiter. Das Gehirn ist also, wenn man so will, in der Sprache der Techniker ein *Informationskanal*. Man spricht von Informationskapazität eines Kanals und meint damit die Zahl der Zustände (oder genauer den Logarithmus der Zahl der Zustände) die der Kanal pro Zeiteinheit annehmen kann. Die Kapazität des Kanals ist in den Sinnesorganen sehr groß, allein im Sehsystem von der Größenordnung von zehn Millionen *bits* pro Sekunde, im Gehirn, gemessen an der Zahl der Neuronen noch viel größer, im motorischen System wieder viel kleiner. Was geschieht da mit der Information auf dem Weg vom Eingang zum Ausgang?

Die Zahl der Neuronen (wie die Zahl der Sinneszellen im Auge) wäre ein Maß für die Informationskapazität, wenn ihre Aktivitäten vollkommen unabhängig voneinander wären. Für die Sinneszellen im Auge trifft das weitgehend zu, für die Neuronen im Gehirn aber nicht. Wie wir wissen, beeinflussen sich ihre Zustände gegenseitig über die Synapsen, die sie miteinander verbinden. Auf diese Weise wird die Menge von Information, die zum Beispiel vom Auge ins Gehirn gelangt, schon bei ihrem Eintreffen im Gehirn stark reduziert. Nicht das Bild mit allen Details wird weiter verarbeitet, sondern eine vorverarbeitete, filtrierte Version davon. Was gesehen wird, sind zusammenhängende Flecken, Konturen, bewegte Punkte oder Striche, Bewegungen des gesamten Panoramas. Außerdem Formen, die als Bedeutungsträger gelernt wurden: die Buchstaben des Alphabets, bekannte Gesichter oder Gestalten.

Wo so viel Information auf der Strecke bleibt – zum Beispiel die genaue Verteilung von Licht, Schatten und Farbe auf der Retina – fragt man sich, wozu das gut sein soll. Des Rätsels Lösung bezieht sich auf den Begriff der *Redundanz*. Die Information, die aus der Umwelt stammt, ist durch mannigfache Regeln eingeengt. Die Gesetze der Physik beherrschen die Welt.

Bewegungen eines festen Körpers sind kontinuierlich, seine Gestalt ist durch einen scharfen Umriss definiert, die Farbe seiner Oberfläche hängt von der Beleuchtung ab. Plötzliche Veränderungen bedeuten das Freiwerden von Energie, also Gefahr. Die Verschiebung des gesamten Panoramas in meinem Blickfeld kann nur durch meine eigene Bewegung entstehen. Das Bild eines fernen Gegenstands in meinem Auge ist kleiner als das des gleichen Gegenstands in der Nähe. Auch Lebewesen gehorchen bestimmten allgemeinen Gesetzen: Eine Pflanze kann mich nicht anspringen, ein Tiger sehr wohl, doch nicht, wenn ich ihn von der Seite sehe.

In der Sprache der Nachrichtentechniker heißt das, dass die Signale, die wir von der Umwelt empfangen, *redundant* sind. Das heißt, sie können ohne Informationsverlust durch eine geeignete *Kodierung* komprimiert werden, um den Aufwand bei ihrer Verarbeitung zu verringern. Die Kodierung muss auf die Redundanz abgestimmt sein, und diese wird letztlich bestimmt durch die Verwendung, die die Information am Ausgang des Kanals findet. Beim Gehirn ist das im Wesentlichen die Motorik. Ich springe zurück, wenn mir Gefahr droht, ob sie von einem aggressiven Hund kommt oder von einem vorbeifahrenden Auto oder von einem fallenden Stein. Viele verschiedene Signale sind als Zeichen einer *Gefahr* für mein Verhalten gleichbedeutend, und die Information, die einen Hund von einem Auto oder von einem Stein unterscheidet, ist im Zusammenhang mit meiner Reaktion *redundant.*

Es ist Aufgabe des Gehirns, die Sinneseindrücke nach ihrer Bedeutung zu sortieren, um so auf möglichst ökonomische Weise das Verhalten zu steuern. Je komplexer allerdings unsere Welt wird und je feiner die Unterscheidung von Bedeutungen, desto größer müssen die Nervennetze sein, die das leisten, und desto schwieriger wird es, sich vorzustellen, wie das geschieht. Auf der niedersten Ebene der Verarbeitung von Sinneseindrücken, wo es um Kanten, Bewegungen, Symmetrien geht, haben wir die Prinzipien der gehirninternen Darstellung bereits erkannt. Wir verstehen sie als Kodierung der Welt unter Ausnutzung einiger fundamentalen Redundanzen, die in ihrer Struktur gegeben sind.

# 6 Gebrauch des Gehirns

## Denken, Handeln, Logik, Sprache

Wir können jetzt, da wir mehr über das Gehirn wissen, die Phänomene, die wir im zweiten Kapitel ganz naiv, ohne Bezug auf ihre materiellen Grundlagen untersucht haben, als Funktionen des Gehirns verstehen und so in unser Weltbild einbauen, ohne den Boden einer physikalischen Weltbeschreibung zu verlassen. Dabei können wir vielleicht die „psychologischen" Erfahrungen aus unserer Introspektion und aus dem Umgang mit anderen Menschen verwerten, um tiefere Einblicke in die Wirkungsweise des Gehirns zu gewinnen, nämlich solche, die über die Möglichkeiten der elektrophysiologischen und anatomischen Untersuchung dieses Organs hinausgehen.

### Denken und Handeln

„Sometimes I sit and think, sometimes I simply sit", so zitiert man einen in der Schilderung seines Innenlebens entwaffnend ehrlichen Engländer. Den Unterschied zwischen denken und nicht denken kennen wir alle. Was geht dabei im Gehirn vor bzw. nicht vor?

Die Vorgänge im Inneren meines Gehirns stellen Vorgänge in der Außenwelt dar, soweit sie mich betreffen. Genauer, das Muster der zur Zeit aktiven Neuronen wird bestimmt durch die Signale, die ich über meine Sinnesorgane empfange. (Das Muster wollen wir nicht zu genau betrachten: Sagen wir, was zählt, sind die Neurone, die in der letzten Sekunde mehr als zehn Spikes gefeuert haben. Das ist vermutlich jeweils nur ein sehr kleiner Teil der gesamten Neuronenpopulation.)

Aber es ist nicht bloß der sensorische Eingang in der eben vergangenen Sekunde, der den Zustand meines Gehirns bestimmt. Jedes Neuron empfängt über Tausende von Synapsen Signale von Tausenden von anderen Neuronen, und diese wieder von anderen, und so weiter in einer Kette, die letztlich auf die Sinneseindrücke in der näheren oder ferneren Vergangenheit zurückführt. So ist das derzeitige Bild der Welt im Gehirn immer auch ein Stück Vergangenheit, und das, was man als „jetzt" erlebt, ist nicht auf den jetzigen Augenblick beschränkt.

Die sogenannte Plastizität der Synapsen bewirkt wie gesagt, dass nicht nur Neuronen, die oft gleichzeitig aktiv sind, stärker miteinander verbunden werden, sondern auch solche, die oft in rascher Folge aktiviert wurden, und zwar in der Weise, dass wenn Neuron B oft nach dem Neuron A feuert, die Synapsen von A nach B verstärkt werden, aber nicht die von B nach A. Das führt dazu, dass die Folge A B im Gehirn leichter abläuft als andere Folgen von Neuronenaktivitäten, und wenn die Synapsen zwischen A und B stark genug geworden sind, kommt es gar so weit, dass die Aktivierung von A alleine genügt, um kurz nachher B zu aktivieren.

Das hat bedeutsame Konsequenzen. Der Zustand meines Gehirns zum gegenwärtigen Zeitpunkt geht, auch wenn keine neuen Sinneseindrücke kommen, in einen anderen über, indem die derzeit aktiven Neuronen andere Neuronen aufrufen, deren Aktivität früher oft der ihrigen gefolgt war, und diese rufen wieder andere auf usw. Mit anderen Worten, das Gehirn macht aufgrund früherer Erfahrungen laufend eine Vorhersage über den wahrscheinlichsten nächsten Zustand der Welt, indem es diesen sozusagen in seinem Inneren vorwegnimmt. So ist das, was jetzt in meinem Gehirn vorgeht, nicht nur eine Abbildung der Welt, wie sie jetzt ist, und auch nicht nur ein Stück Vergangenheit, sonder immer auch ein Stück vorhergesagter Zukunft.

Das, was die Abfolge von Ereignissen in der Welt bestimmt, ist dasselbe, was man gewöhnlich Kausalität nennt. Die Dynamik des Schauspiels, das sich auf der inneren Bühne meines Gehirns abspielt, ist eine *Abbildung der kausalen Zusammenhänge der Dinge und Ereignisse in der Welt.*

Diese laufende Weiterentwicklung des Bildes der Welt in meinem Gehirn ist bei drei verschiedenen Funktionen relevant: beim Denken, beim Lernen und beim Handeln.

Erstens: *Denken*: Die Synapsen, die einem Neuron (der Großhirnrinde) Signale direkt aus den Sinneseingängen übermitteln, sind immer nur ein kleiner Teil aller Synapsen auf der Oberfläche des Neurons. Der weitaus größte Teil der synaptischen Eingänge eines Neurons im Cortex kommt von anderen kortikalen Neuronen. Bei den meisten Neuronen im Gehirn gibt es überhaupt keine direkten sensorischen Eingänge, sondern nur Eingänge von Tausenden von näheren oder ferneren Nachbarn. Das heißt: Was hauptsächlich beim Übergang eines Zustands des Gehirns in den nächsten zählt, sind die Beeinflussungen der kortikalen Neuronen untereinander, die ja, wie gesagt, die erlernten Zusammenhänge widerspiegeln. Und so ist es kein Wunder, dass alles, was man *perzi-*

*piert*, auf dem Hintergrund von dem gesehen (gehört, gefühlt etc.) wird, was man sowieso schon *denkt*, und dass die Erwartung, die aus dem Denken kommt, in vielen Fällen stärker ist als die sensorische Evidenz. So sieht man manchmal im Wald einen Räuber, wo nur ein dunkler Schatten ist, oder versteht ein Wort falsch, weil man ein anderes erwartet. Und es ist auch leicht einzusehen, dass das Theater auf der Bühne des Gehirns auch dann noch weitergeht, wenn die wenigen direkten Sinneseingänge schweigen, und dass die Stücke, die da gespielt werden, trotzdem ganz realistisch sind. So entstehen Tagträume oder wissenschaftliche Theorien. Dieses innere Theater in einem Gehirn, das seine (sensorischen und motorischen) Kontakte zur Umwelt zeitweilig auf ein Minimum reduziert hat, nennt man *Denken*. Dass das Theater nicht ohne Regie abläuft, werden wir noch sehen.

Zweitens, *Lernen:* Die Erwartungen, die sich aus dem die Wirklichkeit begleitenden oder ihr vorauseilenden inneren Theater ergeben, werden zwar meistens von der Wirklichkeit bestätigt, aber nicht immer. Man erwartet, dass ein vor uns ruhig herfahrendes Auto im selben Tempo weiterfährt, und das tut es auch meistens, aber es kann auch plötzlich stoppen, u.U. mit unangenehmen Folgen. Oder man hält sich an einem dürren Ast fest, und der Ast bricht. Oder man beißt in eine saftige Frucht und beißt sich am harten Kern einen Zahn aus. Beim nächsten Mal ist man klüger, hält Abstand von dem Auto vorne, lernt feste Äste von abgestorbenen Ästen unterscheiden, beißt in eine Zwetschge anders als in eine Feige. Die Diskrepanz zwischen dem, was man erwartet und dem, was tatsächlich passiert, führt dazu, dass die Regeln, nach denen die Vorhersage im Gehirn gemacht wird, abgeändert werden: Ein paar Synapsen werden verstärkt, andere geschwächt, die dynamische Abbildung der Welt auf der Bühne des Gehirns wird immer präziser, immer mehr den Gesetzen der Physik angepasst. Bei einem alten Philosophen hieß das *adaequatio intellectus ad rem,* die Anpassung des Weltbilds an die Tatsachen. Welche Mechanismen im Gehirn da Regie führen, wissen wir nicht, aber es gibt sie zweifelsohne.

Drittens, *Handeln:* Wenn die Wirklichkeit nicht der Erwartung entspricht, bietet sich noch eine weitere Strategie an. Ich gehe im Dunkeln durch den mir wohlbekannten Gang und stolpere über einen Koffer, der da steht. Ich schiebe den Koffer zur Seite und vergesse ihn. Es hat wenig Sinn, die Existenz des Koffers in das mir vertraute Bild einzubauen, stattdessen vollführe ich eine *Handlung* und stelle die gewohnte Ordnung wieder her. *Adaequatio rei ad intellectum,* hieße das, die Anpassung der Tatsachen an das Gedachte. Alle Handlungen kann man so sehen, als Korrekturen, nicht am Weltbild, sondern an der Welt selbst, wenn sie sich irgendwie unterscheidet von der idealen Welt, wie wir sie uns vorstellen. Ein Auto im Verkehr steuern heißt, auf alle Hindernisse, die sich uns in den Weg stellen, so zu reagieren, dass wir letztlich zu dem Ziel kommen, das uns vorschwebt. Ein Essen zubereiten heißt, die Welt so zu verändern, dass bald ein gedeckter Tisch in ihr steht. Hier wird das innere Theater führend: Die Vorstellung hat ein *happy end,* und es bleibt uns nichts anderes übrig, als ihr die irdische Realität durch unsere motorischen Aktionen möglichst anzugleichen.

Dabei sind die Anforderungen an die Regie allerdings besonders groß. Sie muss wissen, was gut für uns ist, um die Bewegungen auf der Bühne in Richtung auf den optimalen Ausgang zu lenken. Die Mechanismen im Gehirn, die das leisten, haben Geschmack, Sinn für Ästhetik und für Wohlbefinden. Wo sie das gelernt haben, ist leicht zu erraten. Das Wissen, das in ihnen steckt, haben unsere sehr bescheidenen tierischen Vorfahren in vielen Millionen Jahren Evolution durch natürliche Auslese erworben, lange bevor sie mit der Denkmaschine ausgestattet wurden, die uns heute zur Verfügung steht. Die Denkmaschine tut gut daran, sich bei all ihrer Klugheit an dem uralten biologischen Grundwissen zu orientieren.

Noch eine Aufgabe fällt der Regie des gehirninternen Theaters zu, oder vielleicht eher der Generaldirektion des Gehirns. Bei gegebenem Jetztzustand des Gehirns (und der Welt) muss entschieden werden, ob (1) weitergedacht wird, ohne Rückkopplung mit der Wirklichkeit (wie es dem zerstreuten Professor eigen ist), oder ob (2) mehr Wissen über die Welt ins Gehirn eingebaut werden soll, oder ob (3) eine Aktion fällig ist. Jeder kennt dies aus eigener Erfahrung, aber keiner weiß so recht, wie er, oder der Generaldirektor in seinem Gehirn, die Entscheidung trifft. Als Entscheidungsgrundlage dient sicher der fortlaufende Vergleich zwischen Sinneseingängen und innerer Vorstellung, und es ist für den Hirnforscher verlockend, sich die beiden in parallelen Schichten einer geschichteten Hirnstruktur lokalisiert zu denken, zwischen denen zahllose Fasern Punkt für Punkt Vergleiche anstellen können. Mehr sage ich nicht. Die Kollegen wissen, was ich meine, und es liegt an ihnen, meine Vorstellung experimentell zu prüfen oder sie durch eine bessere zu ersetzen.

## Logik

Die Wissenschaft, die sich Logik nennt, geht seit ihrem Beginn in der Antike mit dem Anspruch einher, die Regeln aufzuzeigen, die beim Denken gelten. Noch anspruchsvoller stellt sie selbst die Regeln auf, an die sich ein gewöhnlicher Denker (zum Beispiel ein Jurist) halten muss, damit seine Argumentation Gültigkeit hat. Etwas bescheidener haben manche Logiker die Logik auch schon als eine empirische Wissenschaft beschrieben, die das formalisiert, was im gewöhnlichen Umgang oder in der Praxis der Naturwissenschaften als korrekte Redeweise gilt.

Mich interessiert hier die Frage, ob man bei den Vorgängen, die wir als Denken dem Gehirn zuschreiben, etwas wiederfindet, was den Schematisierungen der Logiker entspricht. Zwei gängige Formen der Logik, beide auf die Antike zurückgehend, will ich skizzieren: den *Aussagenkalkül* und die *aristotelische Syllogistik*. Dem Leser, der sich noch nie mit diesen Dingen beschäftigt hat, empfehle ich, hier das Lesetempo zurückzunehmen und langsam mitzudenken, zumal diese Kuriositäten aus der Philosophiegeschichte, seit es Computer gibt, wieder ganz aktuell geworden sind.

**Aussagenkalkül** *Aussagen* sind Sätze wie „heute regnet es", oder „zwei und zwei ist vier", oder „der Delphin ist kein Fisch", bei denen man sich im zivilisierten Umgang mit anderen Menschen leicht einigen kann, ob sie wahr oder falsch sind. Warum sie als wahr oder als falsch gelten, gehört in ein anderes oder besser gesagt in verschiedene andere Kapitel. „Heute regnet es" ist an manchen Tagen wahr, an anderen nicht. Ob zwei und zwei vier ist, soll ein Mathematiker entscheiden (der sicher gleich sagen wird, dass bei *Addition modulo 3* der Satz nicht stimmt). Ob ein Delphin ein Fisch ist oder nicht, hängt ganz vom Alter des Zoologielehrbuchs ab, das man konsultiert. Der Logiker kümmert sich nicht um solches naturwissenschaftliches Geplänkel und will nur wissen, wie sich eindeutig wahre oder falsche Aussagen zu kombinierten Aussagen zusammensetzen lassen und wie sich dabei deren *Wahrheitswert* (wahr oder falsch) ergibt. „Kräht der Hahn auf dem Mist, wird das Wetter anders oder es bleibt wie's ist" ist, seiner logischen Struktur nach, auf jeden Fall wahr. „Der Delphin ist ein Fisch *und* der Delphin ist kein Fisch" ist auf jeden

Fall falsch, ganz unabhängig von den Lehrbüchern der Zoologie.

In der Sprache (vermutlich in allen Sprachen der Welt) sind solche Mechanismen vorgegeben. Das kleine Wörtchen *nicht* macht aus „es regnet" die Aussage „es regnet nicht", die immer dann wahr ist, wenn die erste Aussage falsch ist und umgekehrt. „Es regnet *und* es schneit" ist eine Aussage, die nur wahr ist, wenn die beiden Teilaussagen, aus denen sie besteht, beide wahr sind. Bei „morgen regnet es *oder* schneit es" reicht die Wahrheit einer der Teilaussagen, um den Satz wahr zu machen. „*Weder – noch* …", „*wenn – dann* …, „*entweder – oder* …" sind weitere Formen der Verknüpfung, bei denen die Wahrheit der kombinierten Aussage nach strengen Regeln von der Wahrheit der Teilaussagen abhängt. Bei der Stilisierung dieser sprachlichen Formen in den Formeln des sogenannten *Aussagenkalküls* stellt man fest, dass jede noch so komplizierte Art der Verknüpfung von Teilaussagen durch eine Kombination einer kleinen Zahl von elementaren Verknüpfungsarten dargestellt werden kann, zum Beispiel durch *nicht* und *und*, oder gar durch Formeln, die nur eine einzige Verknüpfungsart enthalten (es gibt zwei Verknüpfungsarten, die dazu geeignet sind: *beide nicht* und *nicht beide*), wobei die Formeln allerdings sehr kompliziert werden und sich unserem intuitiven sprachlichen Verständnis entziehen. Damit mag es zusammenhängen, dass sich der Aussagenkalkül der Logik schon immer und auch heute in seiner gängigsten Form der drei vertrauten Verknüpfungsarten (der klassischen sogenannten *logischen Konnektive*) *und, oder, nicht* bedient, die am deutlichsten in der Sprache vorgegeben sind.

Aber warum gerade diese drei? Die Antwort könnte man vielleicht aus einer Meditation über das Wesen der Dinge und ihrer Beziehungen zueinander gewinnen. Das *nicht* ist schon mitgedacht, wenn von einem Ding die Rede ist, das man kennt und wohl definieren kann, denn dann sind ja alle anderen Dinge dieser Welt eben *nicht* jenes. Auch das *und* ist offenbar fundamental in der Beschreibung der Struktur dieser Welt: Wasser ist Wasserstoff *und* Sauerstoff zu einem Molekül vereint, Sonne, Mond *und* Sterne sind Himmelskörper, die sich von Ost nach West über das Firmament bewegen. Das *und* fasst Dinge zusammen, die irgendwie ein gemeinsames Schicksal haben. Im Gegensatz dazu vereint das *oder* Dinge, die als verschiedene Möglichkeiten nebeneinander bestehen: Vierbeiner sind Säuger, Amphibien *oder* Reptilien; ein Weg führt nach oben *oder* nach unten.

Man kann sich kaum vorstellen, dass eine Sprache ohne diese drei Konnektive auskommt, die *Begrenzung*, *Zusammenschluss* und *Möglichkeit* bedeuten.

Aber die Frage war, ob das Gehirn etwa beim Denken auch mit *Negation, Konjunktion* und *Disjunktion* operiert (so heißen die drei Konnektive in der Fachsprache der Logiker). Die Antwort war vor einem halben Jahrhundert ein begeistertes „Ja", und die Evidenz dafür stammte merkwürdigerweise aus Untersuchungen am Rückenmark der Katze. Wenn man zwei Faserstränge, die ins Rückenmark eingehen – nennen wir sie A und B – elektrisch reizt und dabei die Wirkung auf einen dritten Faserstrang (nennen wir ihn C) untersucht, der das Rückenmark verlässt, so kann sich Verschiedenes ergeben.

Erstens, die Wirkung von A auf C kann geschwächt werden, wenn B gleichzeitig gereizt wird. Das kann man so deuten, dass die Fasern in B die Elemente von C hemmen, sozusagen ein Veto einlegen, das die Wirkung von A auf C zunichte macht. Wenn also C aktiv wird, so heißt das, dass B *nicht* gereizt worden war: *Negation* von B.

Zweitens kann es vorkommen, dass sowohl A als auch B einzeln C aktivieren, die kombinierte Wirkung der beiden aber viel stärker ist als die Summe der einzelnen

Wirkungen. Das bedeutet, dass einige der Elemente in C erst aktiv werden, wenn sie von A *und* von B gleichzeitig aktiviert werden: *Konjunktion* von A und B.

Drittens aber kommt es vor, dass A und B einzeln C aktivieren, die Wirkung der beiden zusammen aber kleiner ist als die Summe der einzelnen Wirkungen. In diesem Fall gibt es offenbar in C Elemente, die sowohl an der Wirkung von A als auch an der von B beteiligt sind. Ein solches Element signalisiert, wenn es aktiv wird, die Aktivität von A *oder* die Aktivität von B: *Disjunktion* von A und B.

Man war also berechtigt, ein aus Neuronen bestehendes Gewebe als ein Netzwerk von „logischen" Elementen zu betrachten, deren Aktivitätszustände voneinander nach Art der althergebrachten logischen Funktionen Negation, Konjunktion und Disjunktion abhängen. Diese Deutung wurde umso lieber akzeptiert, als die zur selben Zeit aufgekommenen und sich rasant entwickelnden „digitalen" Rechenmaschinen nach demselben Prinzip funktionieren.

Was das Rückenmark der Katze anbelangt, ist die Vorstellung von Neuronen als Elemente eines nach den Prinzipien des Aussagenkalküls funktionierenden Apparates sicher korrekt (wenn sie auch nicht auf alle Funktionen des Rückenmarks zutrifft). Allerdings, ob die Großhirnrinde, unser wichtigstes Denkorgan, nach demselben Prinzip funktioniert, ist fraglich, schon allein deswegen, weil es uns heute unwahrscheinlich erscheint, dass einzelne Neuronen dort Aussagen von der Art repräsentieren, wie sie in der traditionellen Logik miteinander verknüpft werden. Man darf nicht vergessen, dass eine elementare Aussage des Kalküls wie „der Hahn kräht" oder „Kaffee ist eine Droge" als Subjekt und Prädikat Termini enthalten (Hahn, krähen, Kaffee, Droge), die selbst so komplex sind, dass man für ihre Repräsentation im Gehirn sicher größere Neuronenensembles annehmen muss. Die drei Arten der Verknüpfung – Negation, Konjunktion und Disjunktion – tauchen auf dieser höheren Ebene auch wieder auf, und wie sie physiologisch realisiert sind, kann man sich unschwer vorstellen. (Hinweis für den neugierigen Leser: die Eigenschaft der Neuronen, „Schwellenelemente" zu sein, also entweder gar nicht oder bei überschwelliger Erregung voll aktiv zu werden, ist Voraussetzung für ihre Rolle als Elemente des Aussagenkalküls. Dieselbe Eigenschaft kann man den *cell assemblies* zuschreiben, deren Aktivität „explodiert", wenn eine genügende Menge ihrer Elemente aktiv ist.)

**Syllogistik** Diese ehrwürdige Variante der Logik, wie sie seit der Antike und das ganze Mittelalter hindurch bis in die Neuzeit in den Schulen gelehrt wurde, ist ein Spiel mit Aussagen von vier verschiedenen Formen: *alle P sind Q; kein P ist Q; einige P sind Q; einige P sind nicht Q;* wobei *P* und *Q*, die sogenannten „Terme", Klassen von Gegenständen bezeichnen, die entweder mit Namen genannt (z. B. Esel, Professoren, Metalle, Tugenden) oder durch eine Eigenschaft (oder Tätigkeit) definiert werden, die ihnen zukommt (z. B. grau, sterblich, denken, leben). Drei solche Aussagen, die gemeinsame Elemente (Terme) enthalten, bilden einen *Syllogismus*. Der Syllogismus gilt, wenn die dritte Aussage aus den ersten beiden folgt, andernfalls gilt er nicht.

Beispiele für gültige Syllogismen:

(1) Alle Esel sind grau, (2) manche Professoren sind Esel (3) manche Professoren sind grau. Hier folgt die dritte Aussage aus den Prämissen.

(1) Kein Apfel ist blau, (2) Alle Zwetschgen sind blau (3) kein Apfel ist eine Zwetschge. Auch hier ist der Syllogismus gültig.

Beispiele für ungültige Syllogismen:

(1) Einige Professoren sind keine Esel, (2) alle Esel sind sterblich, (3) einige Professoren sind unsterblich.

172

Das mag stimmen, folgt aber nicht aus den Prämissen.

Auch dies ist ungültig: (1) Alle Dackel sind Hunde, (2) einige Hunde sind fliegende Hunde, (3) einige Dackel sind fliegende Dackel.

Akademische Lehrer haben sich zweitausend Jahre lang um eine Theorie der Unterscheidung von gültigen und ungültigen Syllogismen bemüht, bis man entdeckt hat, dass sie, im Lichte der modernen mathematischen Logik (des „Prädikatenkalküls") betrachtet, kein Hexenwerk ist. Mich interessiert aber auch hier wieder die Frage, warum dem eher willkürlichen Schema der aristotelischen Syllogistik über so viele Jahre ein solcher Erfolg beschieden war. Oder ist die Auswahl der vier Formen *„alle ... sind ..."*, *„kein ... ist ..."*, *„einige ... sind ..."*, *„einige ... sind nicht ..."* vielleicht gar nicht willkürlich, sondern in der Funktionsweise des Gehirns verankert?

Das scheint mir so. Man tut dem, was wir bisher über Gehirnfunktionen wissen, keine Gewalt an, wenn man sich ein paar zusätzliche Tricks dazudenkt. Der Begriff der *cell assemblies* ist uns schon vertraut: Ensembles von (u. U. über die ganze Großhirnrinde verteilten) Neuronen, die miteinander so stark verbunden sind, dass sie dazu neigen, als Einheit aktiv

173

zu werden. In einer *cell assembly* können Unterabteilungen von Neuronen für Einzelheiten stehen, die in die Bedeutung der ganzen *assembly* mit eingehen. Bei dem Begriff *Eichhörnchen* könnten das Repräsentanten für *Vierbeiner, Säugetier, rot, buschiger Schwanz, Klettertier* und manches andere sein. Es ist zu erwarten, dass einige dieser Unterabteilungen (*sub-assemblies*) in sich stärker verbunden sind als die ganze *assembly*, weil sie ja für Eigenschaften stehen, die nicht nur dem Eichhörnchen eigen sind, und daher öfter aktiviert werden als die ganze Eichhörnchen-*assembly*.

Der Trick, den man sich im Gehirn vorstellen kann, funktioniert wie folgt: Irgendein der Großhirnrinde übergeordneter Mechanismus kann, wenn gerade nichts anderes im Gehirn vorgeht, *cell assemblies* auf ihren Inhalt prüfen, indem er sie zuerst aufruft, dann soweit dämpft, dass nur die am stärksten verknüpften *sub-assemblies* in ihr aktiv bleiben. Das könnte im Falle des Eichhörnchens die *sub-assembly* für *rot* oder *buschiger Schwanz* oder *Klettertier* sein. Der Mechanismus, der solches leistet, ist für den Gehirnphysiologen nicht so unrealistisch, wie er zunächst erscheinen mag.

Interessant ist Folgendes. Die Entdeckung einer *sub-assembly* mit einer bestimmten Bedeutung, z.B. *rot,* als Bestandteil der *cell assembly*, die *Eichhörnchen* bedeutet, lässt sich so ausdrücken: „das Rot gehört zum Eichhörnchen", oder besser: „alle Eichhörnchen sind rot", und schon hat man die erste der vier Aussageformen der Syllogistik auf einen Vorgang im Gehirn zurückgeführt. Auch die zweite Form, z.B. „kein Eichhörnchen ist geflügelt", könnte durch einen sehr ähnlichen Mechanismus im Gehirn erkannt werden, und die dritte und vierte (z.B. „einige Eichhörnchen sind aggressiv" bzw. „einige Eichhhörnchen sind nicht aggressiv) sind einfach die Negationen der ersten zwei („einige P sind Q" ist die Negation von „kein P ist Q", und „einige P sind nicht Q" die von „alle P sind Q").

Wenn man diese Aussageformen auf so einfache Weise auf Gehirnfunktionen zurückführen kann, so ist es kein Wunder, dass der auf ihnen basierende Kalkül, die Syllogistik, zweitausend Jahre lang die Logik beherrschte.

## Sprache

Die Sprache der Menschen (die sehr wenig mit den sogenannten Sprachen verschiedener Tiere gemein hat) würde, wenn man ihre Struktur und ihre Regeln vollständig verstanden hätte, tiefe Einsichten in die Funktionsweise des Gehirns gewähren. Ein Stück weit kann man das heute schon versuchen.

Die Vielfalt der Sprachen deutet auf die Neigung der Menschen hin, sich in sprachlichen Gemeinschaften voneinander abzusondern, die, auch wenn die Vorfahren vor nicht allzulanger Zeit dieselbe Sprache gesprochen hatten, sich gegenseitig nicht mehr verstehen. So entstanden im Lauf einer halben Million Jahre aus einer vermutlich einheitlichen Ursprache einige Tausend Sprachen, und es kommen immer wieder neue dazu, während andere aussterben. Das lässt vermuten, dass Sprache im Wesentlichen eine Konvention innerhalb einer Gemeinschaft ist, also ganz und gar erlernt und von Generation zu Generation wandelbar. Das stimmt aber nur zum Teil. Gewisse grundlegende Eigenschaften finden sich bei allen Sprachen wieder, wie mir Leute versichern, die sehr viele Sprachen kennen, und wie ich selber anhand der paar Sprachen, die mir zur Verfügung stehen, bestätigen kann.

Der Grundton der Lautäußerung beim Sprechen wird im Kehlkopf erzeugt, ein Brummen, bei Männern tiefer, bei Frauen und Kindern etwas höher, das im Lauf der Rede in seiner Tonhöhe moduliert wird. Die häufigste Modulation ist ein Wechsel von unten nach oben und wieder zurück in Episoden von einer oder einigen Sekunden, die ungefähr dem entsprechen, was man einen *Satz* nennt.

Das Brummen gewinnt verschiedene Klangfarben, indem die Höhlung, durch die es nach außen dringt (Mund und Nasenhöhle) verschiedene Formen annimmt. Die verschiedenen Klangfarben entsprechen den Lauten, die man im Schulbuch *Vokale* nennt.

*Konsonanten* entsprechen kurzen, vollständigen oder teilweisen Verschlüssen des Kanals, durch den die Luft beim Sprechen entweicht, an verschiedenen Stellen zwischen Kehlkopf und Lippen, mit jeweils verschiedenem Klangeffekt.

Diese Verschlüsse folgen aufeinander in Abständen von etwa 1/4 bis 1/5 Sekunden, wodurch ein für alle Sprachen gleicher Silbenrhythmus von 4 bis 5 Silben pro Sekunde entsteht. Als *Silbe* gilt ein Vokal zusammen mit den flankierenden Verschlusslauten (Konsonanten), wobei der eine oder der andere (bei sog. offenen Silben) auch fehlen kann.

Vokale und Konsonanten bilden zusammen ein Alphabet von *Phonemen*, das bei verschiedenen Sprachen nicht identisch ist, obwohl viele Phoneme allen

Sprachen gemeinsam sind. Jede einzelne Sprache kann mit wenig mehr als 20 Buchstaben, die den Phonemen entsprechen, ziemlich eindeutig geschrieben werden.

Beim *Wort*, bestehend aus einer oder mehreren Silben, wird die Definition komplizierter, weil sie nicht mehr einfach aus der Klanggestalt resultiert, sondern aus der Bedeutung, die dem Wort zukommt, sowie aus seiner Rolle in einem komplizierterem Gefüge, der grammatikalischen Struktur des *Satzes*. Vor allem auch sind die Wörter der verschiedenen Sprachen sehr verschieden und müssen offenbar zusammen mit ihrer Bedeutung von jedem Individuum erlernt werden, im Unterschied zu Phonemen und Silben, die weitgehend durch die Struktur unseres Sprechapparats vorgegeben sind.

*Grammatik* ist die Gesamtheit der Regeln, die erlaubte Verkettungen von Wörtern in einem Satz von den unerlaubten unterscheiden und die verschiedenen Verkettungen verschiedene Bedeutungen zuweisen. Auch die Grammatik ist in den einzelnen Sprachen sehr unterschiedlich und muss erlernt werden, obwohl behauptet wird, dass gewisse Grundregeln für alle bekannten Grammatiken gelten.

Was kann man aus alledem über das Gehirn lernen? Wenn wir wüssten, wie die Mechanismen im Gehirn beim Reden und beim Verstehen von Sprache funktionieren, könnten wir aus Automaten echte Gesprächspartner machen, vielleicht klügere als die meisten Menschen um uns herum. Wir wissen es noch nicht genau, aber ein paar Hinweise hat man schon.

Die linke Großhirnrinde, besonders ihr mittlerer-unterer Bereich, muss intakt sein, wenn Sprachproduktion und Sprachverständnis normal funktionieren sollen. Dort ist also das Wissen gespeichert, das beim Erlernen einer ersten und eventuell weiterer Sprachen erworben wird. In welcher Form?

*Synfire chains*: Silben haben, als kurze Sequenzen von Phonemen, einen genau vorgeschriebenen zeitlichen Verlauf. Noch genauer ist die zeitliche Struktur einzelner Phoneme spezifiziert, wenn, wie zum Beispiel bei der Unterscheidung von *b* und *p*, wenige Millisekunden Unterschied in der zeitlichen Versetzung von Lippen- und Kehlkopföffnung entscheiden, ob das eine oder das andere Phonem gehört wird. Wir kennen bereits das Phänomen der *synfire chains*, jener Abläufe von Neuronenaktivität in langen Neuronenketten, die über einige hundert Millisekunden eine strenge zeitliche Ordnung einhalten können. Das ist genau das, was man als Repräsentanten von Silben annehmen müsste.

*Phoneme: senso-motorische cell assemblies.* Ein Phonem ist zweierlei. Zum einen die Sequenz von (Atem-, Gaumen-, Zungen-, Lippen- etc.) Bewegungen, die nötig sind, um es zum Erklingen zu bringen. Zum anderen das akustische Muster, das über das Ohr das Gehirn erreicht und dort erkannt wird. Als Muster von Neuronen im Gehirn, die dabei aktiviert werden – einerseits im motorischen, andererseits im akustischen Bereich – sind die beiden grundverschieden, haben nur das eine gemeinsam: dass sie sich auf dasselbe Phonem beziehen. Wie kann ein Kind bei den vielen Phonemen einer Sprache für jedes einzelne lernen, welches Muster von Bewegungen den richtigen Laut erzeugt, das heißt, wie kann es lernen, die Worte nachzusprechen, die ihm die Mutter vorsagt? Man weiß das. Gegen Ende des ersten Lebensjahres und im Lauf des zweiten findet ein Lernen statt, das ein für alle Male das Phonemalphabet der Muttersprache festlegt, indem die gehörten Klänge (hauptsächlich beim eigenen sinnlosen Plappern in der sogenannten *Lallphase)* mit den dazugehörigen Bewegungen des Sprechapparats assoziativ verbunden werden.

*Wörter: cell assemblies mit Bedeutung.* Der eigentliche Sinn der sprachlichen Äußerungen ist, dass sie etwas bedeuten. Die Frage, wie Bedeutungen an Wör-

180

tern und Sätzen haften (die sogenannte *Semantik*), hat schon manchen Philosophen überfordert. Man kann sich's leichter machen, indem man die Frage in zwei Stücke teilt: (1) Wie sind die Dinge und Ereignisse der Welt im Gehirn dargestellt? (sozusagen *Hirnsemantik*), und (2) Wie stellt die Sprache Zustände des Gehirns dar? Die erste Frage beinhaltet die ganze Hirnforschung, ist aber in manchen Fällen ganz leicht zu beantworten. Wir wissen ungefähr, welche Neuronen im Gehirn aktiv werden, wenn die *Glocke läutet* oder wenn sich ein *rotes* Ding zeigt und wenn es sich von links nach rechts *bewegt*. Es ist dann auch möglich, die zweite Frage zu beantworten, wenn man annimmt, dass die entsprechennden Neuronen mit anderen Neuronen in den Sprachzentren assoziativ verbunden sind, deren Aktivität dem *Wort* „Glocke", oder „rot", oder „bewegt" entspricht.

Diese Zweiteilung der Semantik hat große Vorteile, wenn man Wörter betrachtet, die nicht so ohne Weiteres auf Zustände der Welt passen. Was ist die Bedeutung von *wegen* in dem Satz „*Wegen* der Zentrifugalkraft ist die Erdkugel abgeplattet"? Oder die von *aber* im Satz „Das Klima ist kalt, *aber* nicht feucht"? Sicher korrespondieren diese Worte mit besonderen Zuständen des Gehirns, aber diese beziehen sich nicht auf die Welt, sondern auf die Weise, wie wir über sie denken.

Diese Schwierigkeit zeigt sich besonders krass, wenn wir über die Bedeutung von Wörtern nachdenken, die sich weder auf die Welt noch auf unser Denken beziehen, sondern nur im Gefüge der Grammatik Sinn machen. Was ist die Bedeutung eines bestimmten Artikels (*der, die, das*), einer Präposition wie *von, zu, an*, eines Hilfzeitworts wie *wurde* oder *ist* oder *hat*? Würden wir die neuronalen Grundlagen der Grammatik kennen, so würde man auch bei diesen zumindest die Frage (2) beantworten können, indem man sie in Beziehung zu Neuronen bringt, die am Satzbau mitwirken.

*Cell assemblies als Schalter.* Die Regeln des Satzbaus in verschiedenen Sprachen sind selbst bei den Grammatikern, die sich keine Sorgen um die neuronale Realisierung machen, noch nicht voll erforscht. Seit alters her gliedert man den Satz in Subjekt und Prädikat, Zutaten wie Adjektive und Adverbien, eingeschaltete Relativsätze etc. Die Gliederung verlangt, dass sozusagen unter der Oberfläche des Satzes eine grammatikalische Struktur mitläuft, die die Form auch weit auseinander liegender Wörter bestimmt (z.B. das Geschlecht der Adjektive nach dem Geschlecht des Subjekts) oder die

Klammern setzt, die Anfang und Ende einer Einschaltung markieren. Über die neuronalen Grundlagen dieser Art von Strukturierung kann man wenig aussagen, nur dieses: Die Markierungen, die da gesetzt werden, z. B. Geschlecht des Subjekts, Einzahl bzw. Mehrzahl, Anfang eines Relativsatzes etc., gelten für unbestimmte Zeiten (Sätze können ziemlich beliebig lang sein), sind also eher einem umgelegten Schalter vergleichbar, der in seiner Position bleibt, bis er wieder zurückgeschaltet wird, als einem einmaligen Signal. Auch für diese Funktion denkt man gern an *cell assemblies*, die ja kraft ihrer inneren Verknüpfung nach dem einmaligen Anwerfen ihrer Aktivität so lange aktiv bleiben, bis sie wieder von außen gelöscht werden.

Als Illustration ein, wenn auch verschachtelter, so doch ganz annehmbarer Satz: „Ein gutes, vom Lehrer empfohlenes Buch, dessen Studium der Schüler fleißig betreibt, bringt ihn rasch voran." Die sächliche Endung von *gutes* und von *empfohlenes* wird durch das erst später im Satz erscheinende *Buch* bedingt. Das sächliche Geschlecht ist offenbar von Anfang an mitgedacht. Die Regeln des Satzbaus machen es klar, dass bei *dessen Studium* das Studium des Buchs, nicht das des Lehrers gemeint ist. Ebenso klar ist, dass die beiden Verben *betreibt* und *bringt* sich auf den Schüler bzw. das Buch beziehen, obwohl im Satz das *Buch* und der *Schüler* in umgekehrter Reihenfolge erscheinen. Anscheinend gibt es Markierungen, die dafür sorgen, dass der eingeschaltete Relativsatz vom Anfang bis zum Ende vom übrigen Satz abgehoben bleibt. All das gehorcht strengen Regeln, die man aber nicht explizit kennen muss, um den Satz richtig zu verstehen oder ihn zu äußern. Was da im Gehirn vor sich geht, wenn *cell assemblies* grammatikalische Kategorien anzeigen, Anfang und Ende eines Relativsatzes signalisieren, kann man sich ganz gut vorstellen, wenn auch die Experimente bisher die Vorstellung nur dürftig untermauern.

### Begriffe in Logik und Sprache

*Begriffe*, wie immer sie in philosophischen Schriften definiert werden, sind die Elemente des Begreifens, deutlich voneinander unterschiedene Bedeutungen, die den Wörtern der Sprache zukommen. Dort heißen sie *Morpheme* (wobei nicht verschwiegen werden darf, dass Wörter und Morpheme nicht immer übereinstimmen). Somit sind Begriffe auch die Elemente der in der Sprache enthaltenen Logik und, in der Stilisierung derselben im logischen Kalkül, die *Terme* der logischen Formeln. Die grammatikalische Analyse

184

des Satzes macht bei den Morphemen halt, genauso wie die Strukturanalyse der logischen Formeln bei den Termen („Eichhörnchen", „grau", „unsterblich"). Begriffe sind die Atome des Denkens, in der Gestalt von Wörtern die Atome des Satzbaus, in der der Terme die Atome der Logik.

Wie entsteht das Repertoire von Begriffen, auf dem Denken, Logik und Sprache aufbauen?

Erstens kann man sich fragen, warum unser Wissen überhaupt als ein Lexikon von diskreten (deutlich voneinander abgesetzten) Begriffen dargestellt ist und nicht als ein Kontinuum von Orten, Zeiten, Kräften, Entwicklungen, in dem wir uns bewegen. Dafür gibt es mannigfache Gründe. Wenn man anhand der (niemals voll ausreichenden) Sinneseingänge sich in dieser Welt orientieren und in ihr vernünftig handeln will, so tut man gut daran, die relevanten Dinge aus dem Gesamtbild herauszulösen und einzeln auf sie einzugehen. Die Welt selbst ist, soweit sie uns angeht, fast überall diskret: Gestein besteht aus einzelnen Brocken und Felsen, der Wald besteht aus Bäumen, die Beute im Wasser aus einzelnen Fischen. Auch unser Körper verlangt von uns diskrete Handlungen: *Gehen* heißt einen Schritt nach dem anderen tun, *greifen* bezieht sich auf einzelne Objekte, *vorne* und *hinten*, *rechts* und *links*, *oben* und *unten* bedeuten deutlich voneinander abgesetzte Orientierungen.

Zweitens, wieviel davon ist angeboren, wieviel erlernt? Ohne Zweifel ist die ungeheure Zahl von Begriffen, für die die Sprache Wörter hat, zum größten Teil die Frucht individueller Erfahrung. Das gilt sicher auch für dieTiere, die ihre Begriffe nicht mit Wörtern als Etiketten versehen, weil sie über keine Sprache verfügen. Auch Hunde lernen in ihrer Umwelt Orte, Häuser, einzelne Menschen, verschiedene Arten von Futter etc. zu unterscheiden. Doch der Begriff *Hund* ist ihnen wohl sicher angeboren, denn sie begegnen ihresgleichen mit besonderen Arten der Zuwendung, die keines Lernens bedürfen. Uns allen, Menschen, Hunden etc. bis hin zu Schlangen und vielleicht auch Würmern ist der Begriff *Schmerz* angeboren, wie man den bei allen Arten sehr ähnlichen Reaktionen entnehmen kann. Auch *Hunger* ist ein Begriff, den alle kennen, vielleicht auch *Wut*, *Müdigkeit* und manches andere.

Drittens, nach welchen Gesichtspunkten wählen wir in der Welt die Begriffe aus, die es sich zu lernen (und eventuell mit einem Wortetikett zu versehen) lohnt? Eine Antwort ist allbekannt, sie stützt sich auf das Phänomen des bedingten Reflexes. Wenn ein unwichtiges Ding zeitgleich mit einem wichtigen Ding perzipiert wird, das heißt mit einem, das angeborenerweise eine Reaktion auslöst, so wird es selbst wichtig und löst später die gleiche Reaktion aus – die Glocke erzeugt Speichelfluss, wie früher nur der Geruch des Bratens. Manche meinen, das aller Wissenserwerb auf diesem Mechanismus beruht, auf einer kleine Zahl angeborener Vorurteile, die alles spätere Lernen bestimmen.

Andere legen mehr Wert auf die Macht der Statistik: Was immer wieder auftritt, wird zum Begriff und als solcher dem Wissensschatz einverleibt. Man merkt sich ein Wort einer fremden Sprache, wenn man es oft genug gehört hat, auch wenn man nichts besonders Interessantes damit verbindet. Lernen durch Wiederholung und bedingte Reflexe, beides mag stimmen, aber es gilt sicher auch das folgende, allgemeinere Prinzip.

Begriffe erweisen sich dann als besonders nützlich, wenn sich herausstellt, dass sie sich zu einem System fügen, das heißt, dass ihre Kombinationen interessante Aussagen ermöglichen. Man kennt das aus der Physik: Die Einführung der Begriffe Masse, Kraft und Beschleuigung machen das ganze Gebäude der Himmelsmechanik möglich, die der Begriffe elektrisches und magnetisches Feld ist Voraussetzung für die Theorie der elektromagnetischen Schwingungen und des Lichts. Auch beim Erlernen der Sprache zeigt sich dieses Prinzip. Das Kind lernt, aus dem kontinuierlichen Sprachfluss Worte zu isolieren, indem es entdeckt, dass es nur diese eine Zerstückelung des Sprachflusses gibt, bei der die Regelhaftikeit des Satzbaus zum Vorschein kommt. Andere Zerstückelungen, z. B in Silben oder in Folgen von Silben, die keine Wörter sind, ergeben keine Grammatik. So ergeben sich die Wörter aus der Entdeckung der Grammatik, und diese wird erst möglich, wenn ein Repertoire von Wörtern angenommen wird. Die Zirkularität dieses Prozesses ist auch auf der nächst-niederen Ebene der Sprache evident. Das Alphabet der Phoneme wird erst dann fixiert, wenn das Kind bemerkt, dass es bei der Annahme der richtigen Laute als Einheiten die Wörter der Sprache erkennen kann.

Das Prinzip ist allgemein, die Wahl der richtigen Elemente auf einer Ebene erlaubt das Erkennen von Strukturen auf der nächsthöheren Ebene, und diese bestätigen ihrerseits die Gültigkeit der Elemente. Der Zweck heiligt die Mittel, und umgekehrt machen erst die richtigen Mittel die Definition des Zwecks möglich. Der Satz heiligt die Wörter, das Wort heiligt das

Alphabet. Der Gedanke heiligt die Begriffe, und ohne diese gäbe es keinen Gedanken.

### Induktion und Deduktion

Das Entdecken von Regeln aufgrund von gegebenen Tatsachen nennt man *Induktion*. Beispiel: „Kein Arthopode mit mehr als 3 Beinpaaren kann fliegen" ist ein aus vielfacher Beobachtung *induktiv* gewonnener Satz. Induktion ist das Urbild der empirischen Wissenschaften. *Deduktion* ist der Vorgang, bei dem sich aus gegebenen Regeln neue Zusammenhänge ergeben. Beispiel, aus dem vorigen *deduktiv* abgeleitet: „Fliegende Insekten haben höchstens 7 Beine." Deduktion entspricht dem Geist der Mathematik. Die beiden Arten von Wissenserwerb stehen unverbunden nebeneinander, nur gelegentlich spielen sie sich Bälle zu oder lernen Tricks voneinander.

Und doch entspringen sie demselben Gehirn und derselben Lust am Verstehen. Etwas verkürzt kann man sagen: *Das Gehirn ist das Organ, das Induktion in Deduktion verwandelt.* Wie das?

Nehmen wir die erste Form der Aussage in der Syllogistik, „alle ... sind ...", von der wir gesehen haben, dass man sie leicht auf gehirninterne Mechanismen zurückführen kann. Wenn einer sagt „alle

Rosen sind rot", so ist das eine empirische Aussage, die vielleicht in seiner Welt stimmt, wenn er nie andere als rote Rosen gesehen hat: ein *induktives Urteil*.

Wir wissen bereits, dass die Repräsentanten von Begriffen im Gehirn umso stärker miteinander verbunden sind, je öfter sie zur gleichen Zeit aktiv waren. Wo es also nur rote Rosen gibt, ist der Repräsentant von „Rose" mit dem von „rot" so stark verbunden, dass „Rose" gehirnintern als „rote Rose" dargestellt ist. Daher sieht das Urteil „alle Rosen sind rot" im Gehirn so aus: „alle rote Rosen sind rot". Das ist eine Tautologie, ein *deduktives Urteil*, also immer aus sich heraus wahr.

Man lernt daraus: Jenseits der logischen Kalküle, die vielleicht ganz gut darstellen, was in uns beim Denken abläuft, verfügt das Gehirn über die Möglichkeit, durch Umgestaltung der Terme neue Wahrheiten zu finden. Dies ist sicher eine wichtige Grundlage dessen, was man als *kreatives Denken* bezeichnet.

# 7 Ästhetik

## Geschmack, Witze und Theoreme

Wir haben schon gesehen, wie das Theater in unserem
Hirn von einer Regie geleitet wird, die weiß, was gut
für uns ist – für uns alle und für jeden einzelnen von
uns. Die Werturteile, die dabei zum Tragen kommen,
stammen nur zum Teil aus den Erfahrungen, die jeder
in seinem Leben gemacht hat. Zum Teil sicher auch
aus den überlieferten Wertsystemen, denen sich keiner im Verlauf seiner Erziehung ganz verschließen
kann. Am wichtigsten – und meistens über die anderen dominant – sind aber die Wertungen, die uns angeboren sind. Sie stammen aus der kollektiven Erfahrung von unzähligen Generationen von Vorfahren,
jede um ein Quäntchen weiser als die vorhergehende,
ohne selbst dazu beigetragen zu haben außer durch
das Überleben in einer gefährlichen, immer komplexeren Welt, in der die meisten Brüder und Schwes-
tern, Onkel und Tanten auf der Strecke geblieben
sind.
Wir tun gut daran, die uralte Weisheit ernst zu nehmen, die in diesen Wertungen steckt. Nur drückt sie
sich in einer Sprache aus, die nicht die unsere ist und

die wir oft gar nicht verstehen. Wir wissen nicht, warum der Duft eines Veilchens entzückt, warum mir (und dem Hund) ein Frankfurter Würstchen besser schmeckt als ein Stockfisch, warum Amselgesang angenehmer klingt als Hundegebell. Es kann freilich sein, dass manche dieser genetisch tradierten Wertungen aus so uralter Zeit stammen, dass man heute den Grund dafür nicht mehr erkennen kann oder dass der ursprüngliche Grund heute in einer veränderten Welt obsolet geworden ist. Umso interessanter ist es, ihren Spuren nachzugehen.

Hier begibt sich der Naturkundler auf ein Gebiet, in dem man ihm mit Befremden oder gar Antipathie begegnet. Auf dem Gebiet der Ästhetik fühlt sich jeder allein kompetent. Für die meisten Menschen dienen Gespräche hauptsächlich dem Abgleichen von ästhetischen Wertungen (*„ich finde das chic"*, *„mir gefällt das grüne besser"* ...), und sie sind damit zufrieden. Die Suche nach dem Grund ihrer Vorlieben und Abneigungen ist ihnen so fremd wie jede andere Lust am Verstehen im kühlen erklärenden Modus. Sie haben Poeten und Künstler auf ihrer Seite und vor allem den ganzen kommerziellen Apparat, der die ästhetischen Vorlieben zu steuern und aus ihnen Geld zu machen versteht.

Unsere Neigung zu hinterfragen und zu erklären stört in dieser schönen Welt. Man versäumt keine Gelegenheit, auf die Gefahren hinzuweisen, die der Menschheit seitens der Wissenschaften drohen. Und man mag es nicht, wenn über das Schöne in einer anderen Sprache gesprochen wird als in der der Empfindungen. Zu ihrem Trost sei den Ästheten gesagt, dass wir Naturwissenschaftler mit unseren Streifzügen in ihrem Reich bisher noch nicht sehr weit gekommen sind.

## Schöne und unschöne Gerüche

Beim Geruch – und beim Geschmack, der auch größtenteils auf Gerüchen basiert – gelingt es am ehesten, eine solide Grundlage für das Gute und das Schlechte aufzuzeigen. Detektoren für fein verteilte Chemikalien, zunächst im Wasser, bei Landtieren dann in der Luft, sind sicher die ältesten Sinnesorgane in der Entwicklung des Tierreichs. Primitive, sogar einzellige Organismen im Wasser erkennen Unterschiede in der Konzentration verschiedener Substanzen (gelöste Salze, Gase etc.) und bewegen sich in Richtung auf die höhere Konzentration oder gerade von ihr weg. Darin zeigt sich so etwas wie eine Bewertung, eine Unterscheidung von einem chemischen Gut und Böse. Der

Grund dafür ist offensichtlich die unterschiedliche Wahrscheinlichkeit, in dem einen oder dem anderen chemischen Ambiente zu überleben, die im Laufe der Evolution zu einem Wissen wurde, das genetisch weitergegeben wird.

Auch bei größeren Tieren spielen gute und schlechte Gerüche eine entscheidende Rolle. Nicht nur leiten sie das Tier zu den Futterquellen, jedes zu den ihm besonders bekömmlichen, und warnen es vor giftigen Stoffen, sie signalisieren auch die Nähe anderer gefährlicher Tiere, wie jeder Jäger weiß, wenn er sich gegen den Wind an seine Beute heranschleicht. Auch der Duft der Artgenossen wird perzipiert und erkannt. Einem paarungsbereiten Weibchen entströmen Düfte, die die Phasen ihrer Fruchbarkeit der Öffentlichkeit bekanntgeben, zu einem guten Zweck, nämlich dem, bei den Männchen derselben Art entsprechende Reaktionen auszulösen.

Beim Liebesspiel der Menschen, bei der besonderen Sympathie, die Männchen und Weibchen zusammenführt und dann als Paar zusammenhält, scheinen Düfte eine untergeordnete Rolle zu spielen. Oder, wie manche meinen, sie tun zwar ihre Wirkung aber wir gestehen sie uns nicht ein, bemerken sie vielleicht gar nicht, zumal Hygiene und Kosmetik die natürlichen

Duftsignale meistens übertönen. Dafür wird umso mehr von der Anziehung gesprochen, die der Duft von Blumen und von Früchten, von Gewürzen und von Nadelhölzern, vom Meer und von frisch gepflügter Erde auf uns Menschen ausübt. Den Sinn dieser Nasenfreuden kann man heute, Jahrmillionen nachdem sie uns ursprünglich mitgegeben wurden, nur mehr erraten. Dass Orangen angenehm riechen, geht wohl auf eine Zeit zurück, wo wir Affen aufgehört haben, das rohe, vitaminreiche Fleisch zu essen und die an unser verkümmertes Gebiss angepassten, aber an Vitamin C verarmten Bratenstücke durch einen Nachtisch aus Obst ergänzen mussten. Für den Duft von Rosen, Veilchen und Orchideen finde ich keine Erklärung, außer vielleicht die, dass solche Blumen auf ein reiches, gesundes und artenreiches Biotop hinweisen. Edelweiß, Alpenrose, Disteln – Geschöpfe einer kargen, abweisenden Berglandschaft – duften nicht. Dass Millionen von Menschen aus dem Inneren der Kontinente einmal im Jahr an die Küsten kommen, um sich am Duft des Meeres zu ergötzen, und ebensoviele, die in steinigen Häuserschluchten wohnen, sich in die Wälder begeben, um im harzigen Duft der Tannen und Fichten (gemischt mit dem von Pilzen und Moosen) ihr Heil zu suchen, zeugt vielleicht von den Sehnsüchten der frühen Menschheit. Man zog damals mühsam herum und folgte der Witterung von Gegenden, die Nahrung versprachen, einerseits das Meer mit seinen Fischen und andererseits der Wald mit seinem Getier und seinen Beeren. Nicht anders als die Lachse, die Tausende von Kilometern zurücklegen, geführt von unglaublich feinen Gerüchen im Wasser, oder die Zugvögel, die zielstrebig Winter und Sommer in freundlichere Gefilde fliegen, auch sie sehr wahrscheinlich (wenigstens zum Teil) von der Witterung geleitet.

Die Regie unseres Denktheaters kennt auch negative Wertungen. Auch die Sprache unterscheidet zwischen Duft und Gestank. Allerdings ist Gestank als chemische Warnung nicht mehr adäquat in unserer heutigen Welt, die voll ist von Substanzen, auf die unser alter Geruchssinn nicht geeicht ist. Es gibt vollkommen geruchlose, sehr giftige Gase, zum Beispiel Kohlenmonoxyd. Es gibt auch Stoffe, zum Beispiel Dämpfe von organischen Lösungsmitteln, die angenehm riechen und trotzdem schaden.

Was uns Menschen – keineswegs allen Tieren – mitgegeben wurde, ist ein Abscheu vor dem Geruch der Fäulnis, dem Gestank par excellence. Der Verzehr von faulem Fleisch ist für uns nicht bekömmlich, unter Umständen gar tödlich. Exkremente, besonders vom Menschen, müssen fernab von Nahrungsmitteln gelagert werden, um den Kreislauf zu unterbrechen, der gewisse Darminfektionen zu Epidemien macht. Der Ekel, den ihr Geruch erzeugt, sorgte dafür vermutlich schon in den frühesten Siedlungsformen des Menschen.

Die Entwicklung des Wirbeltiergehirns von seinen primitivsten Anfängen bis hin zum Menschenhirn (oder zu den viel größeren Gehirnen von Walen und Elefanten) kann man ganz gut rekonstruieren, indem man die heute lebenden Tierarten vergleicht, und dazu noch anhand von fossilen Schädeln Schlüsse auf die Gehirne ausgestorbener Tierarten zieht. Dabei zeigt sich ein Trend von Gehirnen, die ganz vom Riechsinn dominiert sind, zu solchen, in denen die von den anderen Sinnen beherrschten Bereiche überhand nehmen. Das passt gut zu der relativ geringen Bedeutung, die das Riechen in unserem menschlichen Verhalten hat, und gibt Anlass zu einer weiteren Beobachtung. Der Teil des Gehirns, in dem Sehen, Hören und Tastsinn zusammenkommen, um uns ein Weltbild zu vermitteln, wächst enorm und wird zur Großhirnrinde, aber nicht *neben* dem Riechhirn, sondern genau *in seiner Mitte*. Es sieht so aus, als würden die raffinierteren Sinnesorgane die Aufgabe überneh-

men, gut von schlecht zu unterscheiden, die ursprünglich ganz der Nase anvertraut war. Es gibt jetzt, neben
guten und schlechten Gerüchen, schöne und unschöne Bilder, schöne und unschöne Klänge, angenehme
und unangenehme Tastempfindungen: sozusagen Gerüche auf einer höheren Ebene der Abstraktion.

## Schöne Gestalten

Blumen und Schmetterlinge sind schön, Tauben sind
schön, viele junge Menschen sind schön und manche
ältere auch. Gebäude, Statuen, Bilder können schön
sein. Auch Berge und Seen. Das alles ist schwer auf
einen Nenner zu bringen und gibt Rätsel auf.
Wenn den einen beim Anblick des heimatlichen go-
tischen Kirchturms die Rührung überkommt und einen anderen beim Zwiebelturm in seinem Dorf, so
wird man kaum auf die den verschiedenen Baustilen
innewohnende Wirkung auf das menschliche Gemüt
schließen wollen. Was dabei an uralt Menschlichem
zutage kommt, ist eher die Bindung an die Heimat,
die Prägung durch Orte und Gestalten, die das Klein-
kind zuerst gesehen hat. Früher mag eine solche Bindung für die Menschen wichtig gewesen sein, und sie
wird wohl auch heute noch empfunden. Das würde
erklären, warum einer eine Landschaft als schön emp-

findet, einem anderen sagt sie nichts und ein dritter findet sie gar abscheulich.

Aber Prägung ist nicht alles. Warum Männer sich jungen Frauen mit zierlichen Körpermaßen nähern und nachts von ihnen träumen, ist durch Prägung allein nicht zu erklären (obwohl dabei, wie manche meinen, die allerersten Frauenbekanntschaften, dazu gehört meistens die Mama, eine Rolle spielen). Wie immer die Mutter ausgesehen haben mag, die meisten Männer sind sich einig in der Einschätzung wesentlicher Charakteristika des weiblichen Körpers. Es ist sicher nicht leicht oder vielleicht gar nicht möglich, das Idealbild der Frau, wie es uns Männern vorschwebt (und das Idealbild des Mannes bei den Frauen) zu definieren. Künstler haben versucht, es in Bildnissen darzustellen, aber das Ergebnis überzeugt nicht jeden. Vielleicht kann man das Ideal, ohne es je gesehen zu haben, aus den Abweichungen erschließen, die nach allgemeiner Einschätzung das Bild eines Menschen vom Idealbild entfernen: minimale oder maximale Nase, überlange oder kurze Extremitäten, extrem viel oder wenig Körperfett etc. Zu behaupten, dass das goldene Mittelmaß all dieser Varianten, wie sie uns auf der Straße begegnen, das Idealbild schafft, ist allerdings zu kurz gedacht. Man müsste mindestens dazu sagen, auf welche Maße und Verhältnisse es beim ästhetischen Urteil ankommt. Spielt das Verhältnis von Augenabstand und Länge des Halses eine Rolle? Die Krümmung der Oberlippe im Vergleich zu der der Augenbrauen? Die Beckenbreite im Verhältnis zur Länge der Füße? Oder vielleicht eine Gleichung mit 20 Unbekannten?

Wahrscheinlich fußt der ästhetische Sinn, der uns Schönheit in menschlichen Gestalten erkennen lässt, auf einem allgemeineren Prinzip, demselben, das uns zwischen schönen und weniger schönen Pferden, Autos, Blumenvasen, geometrischen Figuren zu unterscheiden gestattet. Auf die einfachste Form gebracht: Eine Gestalt ist schön, wenn jedes kleine Stück ihres Umrisses ein Wissen über die ganze Gestalt enthält und nur in dieser einzigen Form vervollständigt werden kann. In der Mathematik gibt es den Begriff der *analytischen Funktion*, der genau dieses meint: Aus jedem kleinsten Stück der Kurve, die einer solchen Funktion entspricht, kann die ganze Kurve eindeutig rekonstruiert werden. Die ganze Kurve entspricht einem einzigen mathematischen Ausdruck. Unser Auge (oder besser gesagt, das dem Auge nachgeschaltete Gehirn) empfindet das und findet eine ovale Tischplatte, die genau elliptisch gestaltet ist, viel schöner als eine andere, die ein ungeschickter Tischler aus Kreissegmenten mit verschiedenen Radien („unanalytisch") zusammengesetzt hat.

Ich will nicht behaupten, dass der Schattenriss eines schönen Mädchens oder der eines schönen Autos insgesamt von einer solchen analytischen Kurve begrenzt ist. Wenn das so wäre, müsste man auch schon beim Auto an einen sehr komplizierten mathematischen Ausdruck denken, bei der schönen Frau erst recht. Aber für Teile eines schönen Körpers, für die Gestalt einer Wade oder einer Nase, für die Form der Windschutzscheibe beim Auto, stimmt das gewiss. Das Auge gleitet über eine schöne Figur und findet nirgends einen Bruch, nirgends eine Stelle, an der man die Kontinuität der Krümmungen vermisst. Künstler und Kunstkenner kennen das Prinzip und sprechen von der *Geschlossenheit* einer Komposition, einer Gestalt. Das Ganze eines Kunstwerks überzeugt und ergibt sich daraus, dass jedes Detail auf jedes andere Bezug nimmt.

Wenn Schönheit die Einheitlichkeit des Entwurfs einer Figur bedeutet, so versteht man auch, warum die Evolution den Menschen Sinn für Schönheit als stärkstes Motiv bei der Partnerwahl mitgegeben hat. Die Evolution „will" in jeder Generation möglichst viele wohlgelungene Exemplare, und zwei solche zusammen erzeugen mit einer gewissen Wahrscheinlichkeit weitere solche. „Wohlgelungen" bedeutet ein ausgewogenes Zusammenspiel aller Funktionen, und dafür ist die aufeinander abgestimmte Entwicklung aller Körperteile Voraussetzung. Diese wird als Schönheit empfunden.

Es bleibt ein Rätsel, wieso der zur Auswahl von menschlichen Sexualpartnern bestimmte Schönheitssinn dann auch Pferde, Smaragdeidechsen, Schmetterlinge und Blumen schön findet. Es ist denkbar, dass das Kriterium der Ausgewogenheit der Teile und der Analytizität der Kurven so allgemeingültig ist, dass wir es auch bei Tieren, und diese untereinander anwenden können. Allerdings, bei den Flügelzeichnungen mancher Schmetterlinge, anders als beim schönen Rücken eines Pferdes, kann man keinen Zusammenhang mit der Funktionalität ihres Körperbaus erkennen. Sie sind nicht Symptom von etwas Körperlichem, sondern reine symbolhaft-künstlerische Mitteilung, so schön, dass sie auf jeder Ausstellung moderner Kunst den ersten Preis gewinnen könnte. Die Harmonie der Zeichnung und der Farbgebung, die wir darin sehen, zeigt, dass unser Schönheitssinn Gesetzmäßigkeiten der biologischen Gestaltungen erfasst, auch wenn wir sie nicht erklären können.

## Schöne Klänge

Die Lautäußerungen, die Verliebte austauschen, wenn sie unter sich sind (*Schnuckiputzi* etc.), ebenso wie die Geräusche, die Mütter von sich geben, um das Kind in ihren Armen zu beruhigen (*nananana, ts-ts-ts-ts, bisibisibaubau* ...) lassen sich zwar in Reihen von Phonemen wiedergeben, gehören aber nicht eigentlich in den Bereich der Sprache. Sie sind keine Aussagen über irgendetwas in der Welt, sondern vermitteln Gefühlszustände und werden als solche verstanden. Dasselbe gilt für die sogenannte Prosodie (Sprachmelodie), die alle sprachlichen Äußerungen begleitet, zwar gekoppelt an die Regeln des Satzbaus, aber vielfältiger emotionaler Modulationen fähig. Beide Phänomene, Schmuselaute und Prosodie, sind weitgehend unabhängig von dem besonderen sprachlichen Ambiente, in dem sie stattfinden.

Im „Schnuckiputzi" der Liebenden kann man den Keim der *Poesie* erkennen: wenn man so will, klangliche Ästhetik, die sich den Gesetzen von Syntax und Semantik überlagert und von ihnen einige Opfer verlangt. Aus welchen Gründen sprachähnliche Laute ganz unabhängig von ihrer Bedeutung in der Sprache eine ästhetische Valenz haben, ist nicht bekannt. Man könnte vermuten, dass sie genetisch tradierte Erinnerungen aus uralten Zeiten aufrufen, da wir (oder besser, unsere äffischen Urahnen) noch über keine Menschensprache verfügten und uns bloß mit Hilfe eines beschränkten, angeborenen Repertoires von Grunz-, Schnalz- und Zischlauten miteinander verständigten, wie es Menschenaffen heute noch tun. Wie sehr die Phonetik von Liebesworten auf solche Affenlaute zurückweist, wäre eine Untersuchung wert.

Aus der Sprachmelodie wird durch ihre Übertreibung und Stilisierung der *Gesang*. Und aus dem Gesang das Instrumentenspiel und letztlich das ganze komplexe Gebäude der Musik. Diese Entwicklung hat in allen Kulturen stattgefunden, ist allerdings in keiner anderen zu so reicher Entfaltung gekommen wie in den letzten fünf Jahrhunderten in Europa (und war bis dahin auch bei uns nicht reicher als anderswo).

Abgesehen vom Ursprung des Singens in der Sprachmelodie kann man noch weitere Parallelen zwischen Musik und Sprache finden. Die zeitliche Strukturierung aller Arten von Musik, der sogenannte Rhythmus, ist immer diskret, besteht aus Takten und einzelnen Schlägen in periodischer Folge, so wie gesprochene Sprache eine periodische Folge von Silben ist. Vollkommen unstrukturierte Musik gib es höchstens als akademisches Experiment. Die Schläge, die der Dirigent vorzählt und der Musiker mit dem Fuß klopft, entsprechen (bei einem raschen Tempo) ungefähr dem Silbenrhythmus in der Sprache. Ein Takt würde dann einem drei- oder viersilbigen Wort entsprechen, und vier oder acht Takte, eine sogenannte Phrase, ungefähr einem Satz.

Somit kann man Musik als eine Art Reden sehen, bei der von den Worten abgesehen wird und nur die emotional wirksamen Elemente des Rhythmus und der Sprachmelodie wiedergegeben werden.

Das erklärt noch nicht alle Eigentümlichkeiten der Musik. Alle Arten von Musik kennen *Tonleitern*, die zwar bei verchiedenen Völkern verschieden sein können, aber doch im Wesentlichen immer auf den auch bei uns gültigen Intervallen des Ganztons und des Halbtons basieren. Die Melodie der gesprochenen Sprache, anders als die gesungene, hält sich nicht an Tonleitern, sondern bewegt sich kontinuierlich durch alle Tonhöhen (man denke an einen Ausdruck des Entsetzens). Jedes Musikstück aus irgendeinem traditonellen völkischen Repertoire kann schlecht und recht auf der Klaviatur eines europäischen Instruments gespielt werden. Mögliche Erklärungen: Das Gehirn kann Tonhöhen, die sich um einen Halbton unterscheiden, mühelos auseinanderhalten, kleinere Intervalle aber nicht so leicht. Oder: Musikinstrumente, die es seit Urzeiten überall gibt, Flöten und Saiteninstrumente, werden mit den Fingern bedient. Die Löcher in der Flöte, die Bünde auf dem Zupfinstrument sind in einem für die Finger bequemen Abstand angebracht und „digitalisieren" die Tonhöhen.

Endlich, eine Erklärung, die sich auf die Physik der Klänge stützt: Jedes angeblasene Rohr, jede gezupfte oder gestrichene Saite produziert neben dem tiefen Grundton eine Reihe von diskreten Obertönen (ganzzahlige Mehrfache der Grundfrequenz), die zwar je höher umso leiser sind, aber von einem guten Ohr noch perzipiert werden. Die höheren Obertöne (ab dem siebten) folgen einander in Abständen von ungefähr einem Ganzton oder einem Halbton. Deswegen kann man in den höheren Lagen eines klappenlosen Horns, das nur Obertöne eines Grundtons produzieren kann, ganze Melodien spielen.

Unter Berufung auf Obertöne hat man im 19. Jahrhundert eine erstaunlich treffende mathematische Theorie der damals zur vollen Entfaltung gekommenen Polyphonie in der Musik gefunden. Warum empfindet man den Zusammenklang von gewissen Tönen als angenehm glatt (*konsonant*), andere aber als *dis-*

*sonant?* Die Theorie weist nach, dass die damals (und auch heute noch) in der Praxis und in den Lehrbüchern der Harmonielehre gültigen Regeln auf einem einfachen Prinzip beruhen. Zwei oder mehr Töne werden als konsonant empfunden, wenn sie viele Obertöne gemeinsam haben. Wenn sie in keinem ihrer Obertöne übereinstimmen, sind sie *dissonant*, ganz besonders wenn einige ihrer Obertöne so nahe beieinander liegen, dass durch ihre Interferenz eine Schwebung (eine Schwingung von 20–30 Hz) entsteht, die als Geräusch gehört wird.

Warum allerdings diese sogenannte *Rauheit* des Klangs als unangenehm empfunden wird und ihr Fehlen als schön, bleibt zu erklären. Vielleicht kann man auch dies auf den Ursprung der Musik aus der Sprache zurückführen. Eine *rauhe Stimme*, als Anzeichen fehlender Koordination zwischen den an der Spracherzeugung beteiligten Muskeln, wirkt abstoßend.

Die physikalische Theorie der musikalischen Harmonie ist der erfolgreichste Versuch, eine ästhetische Wertung, die vorher nur der Introspektion zugänglich war und für viele als die höchste Stufe der ästhetischen Empfindung galt, ein Stück weit auf den Boden der Physik zurückzubringen. Nur ein Stück weit, aber die Richtung ist damit vorgegeben.

## Witze und Theoreme

Das Lachen mit all seinen Abstufungen vom sanften Lächeln bis hin zum schmerzhaft-krampfartigen Lachanfall ist dem Menschen, und nur ihm, eigen. Aber man sollte daraus nicht schließen, dass Menschen, die viel lachen, eine höhere Stufe der Menschlichkeit erreicht haben als die anderen, die sich seltener so gehen lassen. Das Lachen ist von Anfang an seinem Wesen nach zwiespältig.

Einerseits ist das Lachen eine Folge des Kitzelns. Einen biologischen Sinn dieser Reiz-Reaktionsfolge kann man heute nicht mehr erkennen, da das Kitzeln-bis-zum-Lachen zum Kinderspiel abgesunken ist und von Erwachsenen höchst selten und nur als Zitat aus der Kindheit praktiziert wird. Aber man kann einen früheren Sinn erraten, wenn man die Stellen der Körperoberfläche betrachtet, wo der Mensch besonders kitzlig ist: unter den Achseln, seitlich an der Brust, auf dem Bauch, auf der Innenseite der Oberschenkel, auf den Fußsohlen. Abgesehen von den Fußsohlen sind das Stellen, bei denen man sich vorstellen kann, dass ihre Berührung als Vorspiel zu einer Umklammerung eine Rolle spielte, und mit etwas Phantasie kann man sich auch eine Rolle für die Fußsohlen dazudenken.

Es macht dann auch Sinn, dass es immer ein anderer sein muss, der den Kitzel auslöst: selber kann man das nicht. Und das Lachen könnte eine Erinnerung an die Schreie sein, die den Sexualakt begleiten.

Andererseits lacht man über einen guten Witz, oder auch wenn die sogenannte Situationskomik einen Witz *in real time* inszeniert. Das Lachen, das man dabei hört, ist nicht anders als das beim Kitzeln, und wie dieses kann es sich als Krampf verselbstständigen und qualvoll werden.

Was hat das Kitzeln mit dem Witz gemeinsam? Nicht viel, außer, dass mich beide zum Lachen bringen. Das Lachen ist der Ausdruck einer urtümlichen Freude, die beim Kitzeln heutzutage schon fast vergessen und ihres Sinnes beraubt ist. Wie aber gelangt etwas von dieser primitiven Freude zusammen mit dem entsprechenden Ausdruck in den sehr abstrakten Bereich des Humors?

Ich stelle mir das so vor. Als wir Affenmenschen die Weihe des sprechenden Affen, d. h. Menschen empfingen, wurde uns zusammen mit der Sprache die Möglichkeit des *Theoretisierens* gegeben, der Herstellung von abstrakten sprachlichen Modellen der Wirklichkeit. Im Verband der sprechenden Affen spielt man mit solchen Modellen und erfindet immer wieder neue, wobei manchmal eins durch seine kompakte

Darstellung eines komplexen Zusammenhangs überrascht und sofort überzeugt. Auf diese Weise wird aus einer Horde von sprechenden Affen eine Akademie philosophierender Menschen. Die Evolution, die diesen Übergang beobachtet und steuert, bemerkt den großen Vorteil, den kompakte, überraschende Formulierungen von Gedanken für das Überleben in einer komplexen Umwelt gewähren, und beschließt sie zu fördern. Sie holt aus der Rumpelkammer verstaubter Gehirnmechanismen einen hervor, der glücksbringend wirkt (Kitzeln – Lachen), und koppelt ihn mit dem Denkapparat, und zwar so, dass eine plötzliche Erleuchtung des Denkens, ein *Einfall*, anstelle des Kitzelns den ganzen Mechanismus, inklusive Freude und Lachen, aktiviert. (Denkt man an Neuronen, so ist der Einfall das plötzliche Zünden einer *cell assembly*, die viele vorher unzusammenhängende Fakten in ihren gegenseitigen Beziehungen darstellt.) Auf diese Weise werden in der Akademie denkender Menschen Preise ausgesetzt für jeden, dem etwas Gescheites eingefallen ist oder der etwas verstanden hat, ausgezahlt in der Münze eines kleinen privaten Glückserlebnisses.

Ein solches Glück erlebt der Mathematiker, wenn er ein Theorem bewiesen hat, der Physiker, wenn sein Experiment die Hypothese stützt, der Philosoph, wenn er die ganze Welt in einem Blick erfasst. Man erwartet von ernsthaften Forschern nicht, dass sie dabei in lautes Gelächter ausbrechen, aber ein Lächeln kann man mit Sicherheit erwarten.

Unsereiner erlebt das Glück der Entdeckung am Modellfall des Witzes. Auch hier wird eine lange Geschichte erzählt, die wenig Sinn macht, bis die Pointe alle Einzelheiten plötzlich in einem überraschendem, neuen Zusammenhang erscheinen lässt. Dass man dabei laut lacht, während der Mathematiker mit seinem Theorem nur schmunzelt, mag mit der knappen Form des Witzes zusammenhängen, die den ganzen Vorgang zum intensiveren Erlebnis macht.

Wenn das stimmt, ist letztlich alle geistige Kreativität auf die merkwürdige Perversion eines ursprünglichen Triebs zurückgeführt, die uns zu Menschen, d. h. zu lachenden, verstehenden, denkenden, erfinderischen Wesen macht. Hier kann der geneigte Leser, wenn er will, wieder von vorne zu lesen anfangen, wo von der Lust am Verstehen als Triebfeder die Rede ist. Das Zirkuläre an einer Geschichte überzeugt mich mehr als ihre Begründung in irgendwelchen postulierten Axiomen.